너라는 브랜드를 마케팅하라

너라는 브랜드를 마케팅하라

Brand Yourself: Design the Life You Love

'존재감' 있게 일하고 '성공적'인 인생을 살아가는 법

이소라 지음

클랩북스

— ✦✦ 추천사 ✦✦ —

실리콘밸리의 수많은 혁신가와 그들의 성공 스토리를 마주하며 깨달은 점이 있다. 성공이란 단순히 뛰어난 능력뿐 아니라 자신만의 스토리를 만들고, 위기를 기회로 전환하며, 끊임없이 자신을 브랜딩하는 능력에 달려 있다는 사실이다. 이 책은 바로 이 시대가 요구하는 생존과 성장의 정수를 담고 있다.

이소라 작가는 냉철한 전략가이자 뜨거운 심장을 가진 실천가다. 자신을 객관적으로 분석하고 끊임없이 '어떻게'를 고민하며 자신만의 해결책을 찾는다. 실패 안에서 배우며 개인의 성장을 넘어 사회에 긍정적인 영향을 주고자 하는 진취적인 태도는 실리콘밸리가 추구하는 혁신의 정신과도 맞닿아 있다. 넷플릭스, 메타, 틱톡이라는 화려한 경력 이면에 숨은 고난과 역경, 그리고 극복 과정을 놀랍도록 진솔하게 펼쳐 보인다. 이는 단순한 성공담이 아니라 한 인간이 어떻게 자신의 삶을 주체적으로 마케팅하는지, 악조건 속에서도 어떻게 자신만의 길을 개척해 나가는지에 대한 생생한 기록이다.

커리어로 고민하는 이에게는 현실적인 지침서가, 인생의 방향을 고민하는 이에게는 용기를 주는 등대가 되어 줄 것이다. 자신만의 빛나는 브랜드를 만들고 싶은 모든 이에게 이 책을 강력히 추천한다.

손재권 (실리콘밸리 전문 미디어 더밀크 대표)

'나'라는 사람의 브랜딩이란 결국 나답게 사는 법을 고민하는 일이다. 이소라 작가의 글을 읽으며 한 사람의 '브랜드'를 넘어서 한 사람의 '진심'과 마주했다. 수많은 도전과 변화의 순간마다 그녀는 멈추지 않았다. 실패를 두려워하지 않고, 준비되지 않아도 시도했고, 누구보다 빠르게 다시 일어섰다. 진행형이기에 더욱 아름다운 서사다. 그녀의 문장 하나하나에는 아직 이름 붙이지 못한 용기와 성장의 씨앗들이 숨어 있다. 이 책을 읽는 모든 이가 자기 삶의 마케터가 되길, 우리 모두가 진행형의 아름다운 삶을 살아가길 응원한다. 그 여정의 한가운데서 이 책은 당신의 길을 환하게 밝혀 줄 것이다.

서은아 (《응원하는 마음》《매일의 영감 수집》 저자,
야후·마이크로소프트 등 글로벌 기업 29년 차 마케터)

나를 위한 커리어를 쌓는 것이 더욱 중요해진 시대다. 직장 생활에서 조직의 니즈도 중요하지만, 결국 나의 니즈도 채울 수 있을 때 비로소 내가 쓰는 시간과 노력에 가치가 생긴다. 나에게 중요한 것을 챙길 줄 아는 태도가 남이 아닌 내가 주도하는 삶을 사는 방법이다. 이 책은 그 방법을 가장 생생한 언어로 실용적이고 구체적으로 알려 주고 있다.

미키김 (액트투벤처스 대표, 유튜브 〈미키피디아〉 운영자)

그녀를 처음 만났던 순간이 아직도 생생하다. '인간 코카콜라'. 아니, 굳이 비유하자면 쨍한 오랜지색의 '인간 환타'라는 표현이 딱 어울렸다. 그만큼 자신의 가치를 누구보다 잘 알고 탁월하게 표현해내며 처음 본 사람이 몇 마디만 나눠도 단번에 느낄 수 있을 정도로 강렬

했다. 책 속 문장 중 "나는 언제 어디서든 나의 길을 만들어낸다"라는 표현이 마음 깊이 와닿았다. 나 역시 새로운 회사, 조직, 과제를 마주할 때마다 늘 '김숙진'이라는 아이덴티티로 문제를 풀고 새로운 길을 개척해 왔다. 이 책을 읽는 여러분도 어떤 일을 하든 ○○○이라는 이름으로 자신만의 길을 담대하게 나아가긴 바란다.

김숙진(CJ제일제당 한국마케팅본부장)

대학생 때부터 함께 웃고 울며 커리어를 쌓는 과정을 지켜봐 온 친구로서 자신 있게 말할 수 있다. 《너라는 브랜드를 마케팅하라》는 커리어를 성장시키고 싶은 한국 여성이라면 꼭 읽어야 할 책이다. '소라언니'라는 이름처럼 진짜 친언니가 알려 주는 인생과 커리어에 대한 지침이 담겨 있다. 솔직함과 당당함, 그리고 그녀만의 매력이 진하게 담긴 이 책을 추천한다.

박예슬(전 구글 플레이 미국 본사 운영매니저, 현 애쉬베리 대표)

《너라는 브랜드를 마케팅하라》는 화려한 겉모습 이면의 치열한 삶과 성장기를 담은 한 인간의 솔직한 고백이다. 자신의 이야기를 통해 많은 사람이 자신과 같은 시행착오를 줄이고 더 단단해지길 바라는 마음이 깊이 전해진다. 자기 인생의 방향을 찾고 싶다면 이 책이 따뜻한 이정표가 되어 줄 것이다.

김경민(500글로벌매니지먼트코리아 대표)

한국의 당돌한 소녀가 홀로 유학길을 떠나 글로벌 빅테크 기업의 임원이 되기까지, 치열하게 고민하고 부딪힌 경험에서 나온 진심 어린 조언에는 저자만이 줄 수 있는 솔직함과 명쾌함이 드러난다. 다양한 사람을 만나며 길어 올린 생생한 이야기와 몸소 경험한 실용적인 조언들은 묵묵히 일만 해서는 인정받기 어려운 현 시대의 직장인들에게 분명한 길잡이가 되어 줄 것이다.

신은혜 (500글로벌 수석심사역)

메타에서 함께 일하며 이소라 작가가 보여 준 태도는 일관적이었다. 자신이 낸 성과를 명확히 전달하면서도 조직과의 조화를 고려하는 균형감, 그리고 본인의 브랜딩과 존재감을 전략적으로 구축해 나가는 역량이 인상적이었다. 혼자만 알고 있기 아까운 통찰이다. 이 책을 통해 더 많은 사람에게 전해지길 기대한다.

천인우 (《브레이킹 루틴》 저자)

'브랜드'라는 포장지를 뜯으니 '한 소녀가 역경을 딛고 전진한 성장 서사'라는 알맹이가 나왔다. 꿈 많던 소녀가 혼자 미국으로 건너가 언어, 문화, 그리고 스스로에 대해 공부하며 자신의 가치를 높이는 데 성공했다. 결국 브랜딩이란, 겉보기를 넘어서 내면에 자신만의 단단한 스토리가 있어야 한다는 것을 일깨워 주는 책이다.

이혼 전문 변호사로서 이혼이 당사자에게 관계의 끝맺음을 넘어서 큰 성장의 출발점이 되기를 매순간 진심으로 바라며 일하는 내게, 소라는 이혼을 비롯한 다양한 어려움을 긍정의 역사로 바꿔 나간 사람이었다. 나는 〈돌싱글즈4〉를 보고 이 멋진 여성에게 반해 먼저 들이댔다. 그녀의 존재는 일하는 여성과 엄마들에게 이상향을 만들어 주었다. 그녀가 미국에서 '한국 워킹맘 국가 대표'로 활동하고 있다는 사실이 자랑스럽다.

최유나 (이혼 전문 변호사, 드라마 작가)

그날도 그녀는 간장게장 집에서 게딱지에 밥을 살뜰히 비벼 먹고 밥 한 공기를 추가했다. 일도, 육아도, 식사도 그 순간의 시간을 알차게 쓰는 그녀의 진심 전력이 난 늘 사랑스럽다. 우린 밥집을 나와 후미진 커피숍에서 일과 사랑에 대한 만담을 또 전력을 다해 나눴다. 난 대학 시절 자취하며 엄마 밥이 고팠던 어설픈 고생담을, 그녀는 먼 타지에서 등록금을 벌기 위해 난자를 기증하던 수위 높은 이야기를 프라푸치노를 홀짝이며 아무렇지 않게 털어놨다. 결핍은 누구에게나 존재하지만 변명이 되기도, 동력이 되기도 한다. 그녀에게 결핍은 분명 '미래의 나'를 쌓는 동력이 되어 단단한 벽돌과 윤활유로 작용했을 것이다.

결핍에 더해진 그녀의 단단한 실행력은 그녀의 커리어에 대중의 서사를 입혔다. 각자의 결핍은 '상수'지만 회복탄력성과 실행 그리고 소통 리더십은 설계할 수 있는 '독립변수'다. 그렇기에 우리는 이 책은 읽어야 한다. 세상의 모든 '나'는 소중하다. 이 책은 세상 단 하나뿐인 당신에게 독보적인 서사와 맥락의 브랜드를 입혀 줄 것이다. 《너라는 브랜드를 마케팅하라》는 '나'를 말하는 연습이 필요한 시대에 침대 머리맡에 꼭 두어야 할 셀프 브랜딩 필독서다. 책의 마지막 장을 덮는 순간, 당신은 달라져 있을 것이다.

노가영 (콘텐츠산업 전문가, 《새로운 인류 알파세대》《2024 콘텐츠가 전부다》 저자)

인생을 살다 보면
무엇 하나 내 뜻대로 되지 않는 순간이 있다.

'분명 열심히 하고 있는데 힘이 든다.'

나 대신 면접에 붙은 경쟁자,
잘나가는 옆자리 동료,
TV 속 유명 인사의 화려한 삶.
그들과 나의 오늘을 나란히 두고 보면
마음이 쪼그라드는 것을 느꼈다.

하지만 나는 안다.
이것은 내 인생이며
내가 컨트롤할 수 있는 영역 안에서
적극적으로 운전대를 잡아야 한다는 것을.

열심히 하는 것보다 더 중요한 건
나의 가치를 드러내는 법을 익히는 것.

이제 당신의 인생을 바꿀
단 하나의 이야기를 시작해 보려 한다.

"＿＿＿＿＿＿＿＿라는 브랜드를 마케팅하라."

일러두기

- 본문에 등장하는 책 중 국내에 출간되지 않은 경우에만 번역 제목과 원서 제목을 나란히 썼습니다. 다만 국내에 출간된 책일지라도 원문을 번역하여 인용한 부분이 있다면 원서 제목을 병기하였습니다.
- 일부 저자의 말맛을 살린 표현을 사용했습니다.

─ ✦✦ **프롤로그** ✦✦ ─

당신이라는 브랜드의 시작

미국에서 엄청난 화제가 된 '리퀴드 데스'를 들어 본 적 있는가? 리퀴드 데스는 친환경 프리미엄 생수 브랜드로 포지셔닝된 '물'이다. 페트병이 아닌 캔을 패키지로 선택했고, 헤비메탈을 연상하는 디자인을 보면 언뜻 맥주 같기도 한데다, 생명과 반대되는 개념인 '죽음'을 제품명에 넣어 도무지 생수라는 상품을 떠올리기 어렵지만 미국에서 불티나게 팔리고 있다. 심지어 보통 500㎖ 생수 한 병이 3센트에 팔리는 와중에, 리퀴드 데스의 가격은 무려 1.89달러임에도 엄청난 인기를 얻고 있다.

우리는 이런 현상을 커피에서 이미 경험한 바 있다. 평범한 커피 한 잔이 '스타벅스'라는 이름으로 제공되면 사람들은 좀 더 비싼 값을 지불할 의사를 갖게 되는 것이다. 그리고 그 커피가 7성급 호텔 라운지에서 제공된다면 가치는 더더욱 높아진다. 커피의 품질보다 브랜드가 만들어 내는 가치가 소비자들의 마음을 더 크게 움직이는 것이다.

평범한 생수 한 병이 리퀴드 데스가 되고, 평범한 커피 한 잔이 7성급 호텔의 커피가 되는 순간, 우리는 제품의 기능이 아닌 브랜드가 설계한 '정체성'과 '세계관'을 기꺼이 소비하게 된다.

《너라는 브랜드를 마케팅하라》는 바로 그 지점을 여러분과 나누고 싶어 쓴 책이다. 평범할 수도 있었던 삶이 '이소라' 또는 '소라언니'라는 브랜드가 되는 과정. 그것이 삶을 얼마나 다채롭고 의미 있게 만드는지 몸소 경험한 당사자로서, 그 과정에서 얻은 통찰을 더욱더 많은 사람들과 나누고 싶었다.

한국은 소위 '나대는' 사람을 좋아하지 않는 것 같다. 시대가 변했지만 여전히 겸손이 미덕이라는 문화가 남아 있다. 그러나 현대 사회의 노이즈는 생각보다 시끄럽다. 사람들의 삶은 당신의 생각보다 더 바빠서 다른 사람의 일을 잘 기억하지 못한다. 스타트업 CEO가 피칭을 할 때 나대지 않으면 투자받지 못하고, 기업들이 신제품을 제대로 홍보하지 않으면 한화도 외화도 못 벌어 오는 것처럼 말이다.

인정받고 싶다면 '나'라는 브랜드를 알려야 한다. 그 어느 나라의 노동자보다 열정 있고 능력도 출중한 한국인들이 유독 자신을 드러내는 기술이 없어 인정받지 못할 때 많은 안타까움을 느낀다. 인간의 삶 역시 퍼스널 브랜딩으로 대외적인 정체성을 획득할 수 있다. 나를 마케팅할 줄 안다면, 내가 필요로 하고 나를 필요로 하는 대상과 더욱 강력하게 연결될 수 있다. 이토록 경쟁이 치열한 세상에서, 자기 브랜딩과 마케팅은 이제 선택이 아닌 필수다.

나는 고등학생 때 홀로 미국으로 유학을 떠났다. 집안 형편이 좋지 않았기에 대학을 다니며 늦은 시간까지 주점에서 일하고, 과외를 하고, 난자를 기증하면서 등록금을 벌었다.

미국은 학비가 너무 비쌌다. 당시 등록금은 1년에 3만 3000달러, 한화로 4800만 원에 달했으니 재학 기간을 단축하는 것 역시 내게는 무척 중요했다. 빨리 대학을 졸업하고 일을 시작하겠다는 생각으로 이를 악물고 공부했다. 결국 나는 두 개의 전공을 3년 만에 이수하며 UC버클리를 조기 졸업했다. 이후 넷플릭스Netflix, 메타Meta, 틱톡TikTok 같은 글로벌 테크 기업에 입사해 마케터로서 꿈꾸던 커리어를 이어 나갔다.

커리어만 보면 탄탄대로 인생처럼 보이지만, 안타깝게도 이른 나이에 한 결혼은 내게 많은 시련을 안겨주었다. 25세에 결혼을 하고, 29세에 아이를 낳고, 이혼 후 억대의 빚을 졌다.

그럼에도 결혼과 이혼은 내게 실패가 아니다. 나는 결혼과 이혼을 통해 나를 사랑하는 일의 중요성을 깨달았다. 사람 보는 안목도 생겼다. 내 삶의 중요한 가치가 무엇인지도 알게 되었다. 무엇보다 내 인생의 보물, 내 아이 잭슨을 얻었다.

2023년, 이혼 남녀의 데이팅 프로그램 〈돌싱글즈4〉 미국편에 출연했다. 출연을 결심한 이유는 분명했다. 겉으로 화려하고 완벽해 보이는 사람에게도 역경이 있다는 것, 그럼에도 당당하게 살아가고 있다는 것을 보여 주고 싶었다. 나와 비슷한 사람들이 나를 보며 누구나 자신의 이야기를 다시 써 내려갈 수 있다는 희망을 갖길 바랐다.

방송 출연 이후 반응은 정말 뜨거웠다. 일과 육아를 병행하는 워킹 싱글맘, 유학생 출신으로 실리콘밸리에서 임원이 된 동양인 여성, 그리고 가정폭력과 가스라이팅에서 벗어나 새 삶을 시작한 돌아온 싱글. 나의 바람대로 이런 나의 정체성들이 수많은 이들에게 영감이 되어 준 듯했다. 나는 많은 응원과 지지를 받았다. 그리고 이 경험 이후, 나는 내가 가진 것으로 더 많은 이들에게 도움을 주는 일을 하기로 마음먹었다. 현재는 큐레이티드 에이전시 Kuratd Agency라는 글로벌 마케팅 회사를 창업해 한국의 훌륭한 브랜드들이 세계의 중심으로 뻗어나갈 수 있는 일을 시작했다.

"나는 언제 어디서든 나의 길을 만들어 낸다."

나의 삶을 한 문장으로 요약한다면 이렇게 말할 수 있다. 끊임없이 더 나은 길을 고민하고, 더 효율적인 방법을 고안하고, 더 창의적으로 문제를 해결하는 사람. 그게 내 삶의 지향점이다.

마케터라면 누구나 캠페인을 시작할 때 세 가지를 묻는다. 첫째, 목표 고객은 누구인가? 둘째, 어떤 메시지와 강점을 내세워 우리 브랜드의 가치를 소통할 것인가? 셋째, 브랜드의 궁극적인 목적이 무엇이며, 어떤 지표로 성과를 측정할 것인가? 나는 이것을 내 삶에 적용해 보기로 했다.

첫째, 내 삶의 목표 고객은 누구였을까? 처음엔 부모님이었고, 함께 일하는 동료들이었으며, 이제는 나의 아이이기도 하다. 그러나 궁극적으로 내가 설득해야 할 유일한 고객은 '나 자신'이다. 내가 납득할 수 없는 목표는 오래가지 못한다. 남들이 부러워할 커리어보다 내가 즐겁게 감당할 수 있는 일을 하는 게 중요하다.

둘째, 나의 강점은 무엇일까? 무너졌을 때 다시 일어서는 힘, 아무도 나를 모르는 곳에서 존재감을 만들어 내는 추진력, 주어진 조건을 자산으로 전환하는 전략적 감각. 그것은 한때는 생존을 위한 수단이었지만, 이제는 나라는 브랜드의 특징이 되었다. 이 강점은 내가 사랑하는 일을 할 때 더욱 빛난다.

셋째, 내 삶의 궁극적인 목표는 무엇이며 무엇으로 측정할 수 있을까? 연봉의 크기? 주변 사람들과의 관계? 아이와 함께 보낸 의미 있는 시간? 이 질문에 대한 나의 답은 '내가 좋아하는 일을 내가 신뢰하고 아끼는 사람들과 함께하는 것. 그리고 나다운 삶을 지속하는 것'이다. 이는 단순히 연봉으로는 측정할 수 없다.

모두가 이 질문에 대한 답을 찾아가고 있지만 쉬운 일은 아니다. 확실한 건 단 하나, 삶의 성과 지표는 타인이 아닌 본인이 정해야 한다는 것뿐이다.

이 책은 삶과 일이라는 길 위에서 스스로를 발견하고, 더 나은 내일을 꿈꾸며 노력하는 사람들을 위해 썼다. 아직 명확한 지도가 없어도, 일관된 커리어 경로가 없어도 괜찮다. 방향이 헷갈릴 땐 다시 브랜딩의 기초로 돌아가 보자. 내가 누구인지, 나의 강점은 무엇인지, 나는 무엇을 추구하고 있는지를 다시 묻는 것. 앞으로 총 3장에 걸쳐 본 질문들의 해답을 찾는 방법들을 소개하고자 한다. 인생의 다음 장을 여는 강력한 힌트가 되어 줄 것이다.

결국 마케팅은 사람의 마음을 움직이는 일이다. 나는 지금도 스스로에게 묻는다. 나는 왜 이 일을 하는가? 이 일은 나에게 어떤 의미가 있는가? 이 일은 내 삶에 무엇을 가져다주는가? 답을 찾는 과정에서 나는 조금씩 더 나다워진다.

이 책을 읽는 당신도 자신만의 마케팅 캠페인을 시작할 수 있기를 바란다.

목차

추천사 4
프롤로그 당신이라는 브랜드의 시작 19

PART 1. '나'라는 브랜드 탐색하기
나의 경쟁력을 강화하는 자기 인식의 기술

특별한 전략과 해결책을 가진 사람 되기 33
나의 한계를 스스로 정할 필요는 없어 43
비자 없는 유학생이 넷플릭스와 메타로 이직한 비결 51
커리어는 시행착오 횟수만큼 좋아진다 62
진로를 고민할 때 우선으로 삼아야 하는 것 69
소라언니가 알려 주는 회사어 배우기 1 78
 - 월급 올려 주세요
 - 쟤가 한 게 아니라 내가 한 거예요
 - 네가 내 아이디어를 훔쳤어
출근할 때 눈물 나면 업계 잘못 고른 거다 84

내가 하려는 업의 본질을 파악하라	**91**
플랜 B는 회사 안에도 있다	**95**
머슴 같은 주니어, 언젠간 대감집으로 간다	**103**
면접 보기 전, 7가지만 명심하라	**109**
소라언니가 알려 주는 회사어 배우기 2	**117**

- 당신은 형편없는 상사야
- 이메일로 전달하면 될 걸 왜 회의를 하는 거야?
- 제발 하나하나 참견 좀 하지 마

PART 2. '나'라는 브랜드 성장시키기

나의 가치를 10배 높이는 일터의 기술

결국은 이타적 접근이 이긴다	**127**
진심으로 일하는 사람에게 좋은 평판이 따라온다	**135**
좋은 멘티가 좋은 멘토를 얻는다	**143**
멘토에게 질문하기 전 알아야 할 7가지	**151**
성실한 바보가 되지 않기 위한 생존법	**158**
소라언니가 알려 주는 회사어 배우기 3	**167**

- 왜 그렇게 유치하게 구는 거야?
- 이 일은 너무 지루해
- 그건 하고 싶지 않은데요

영향력 있는 사람이 되면 직함은 따라온다	**174**
전남편의 이혼 변호사를 고용하고 싶었다	**181**
사람을 읽어야 일을 잘 시킬 수 있다	**189**
장점을 발굴하는 기술	**200**
예스맨은 한가한 사람으로 인식된다	**207**
소라언니가 알려 주는 회사어 배우기 4	**212**

- 내 상사도 아니면서 왜 이래라 저래라야
- 너 진짜 인성 별로다. 못돼 처먹었네
- 연봉 올려 주세요

PART 3. '나'라는 브랜드 확장하기

불리한 조건과 역경을 극복하는 삶의 기술

왜 당신의 무대를 한국으로 국한하는가?	**221**
언젠간 내 사업을 하고 싶다면 평판 관리가 전부다	**230**
실패하지 않으면 성장도 없다	**238**
소라언니가 알려 주는 회사어 해석하기	**244**

- 그건 어쩌면 "너 바보냐?"라는 뜻일지도
- 그건 어쩌면 "꺼져! 내 일 아니거든?"이라는 뜻일지도
- 그건 어쩌면 "야, 내가 진작에 말했지!"라는 뜻일지도

현지인처럼 영어 하는 법	**249**

인생을 바꾸는 돈 관리, 시간 관리	**256**
밀어 주고 끌어 주는 공동체 만들기	**263**
나를 망치러 온 나의 가족 버리기	**267**
워킹맘이라서 오히려 좋아	**272**
가족은 혼자 꾸려 나갈 수 없다	**280**
가스라이팅이라는 그림자	**287**
소라언니가 알려 주는 관계의 신호등	**294**

에필로그 소라에게   **303**

PART 1

'나'라는 브랜드 탐색하기

나의 경쟁력을 강화하는
자기 인식의 기술

노력하는 것보다
중요한 것은
'어떻게' 노력할 것인지
고민하는 일이다.

특별한 전략과
해결책을 가진 사람 되기

"여러분을 위해서라면 저는 이런 무모한 짓도 할 수 있습니다!"

초등학교 6학년, 전교 회장 선거에 나간 나는 아이들 앞에서 날계란을 이마로 깼다. 내 모습을 지켜본 몇몇 아이들은 '쟤 미쳤나 봐' 하면서 눈이 휘둥그레졌고, 몇몇 아이들은 감탄사를 내뱉으며 박수를 쳤으며, 몇몇 아이들은 책상을 치며 웃었다. 아이들의 반응 따위는 내게 중요하지 않았다. 나는 내가 원하는 것, 목표하는 것을 위해서라면 뭐든 할 수 있었다. 전교 회장이 될 수만 있다면 이마로 날계란을 깨는 것 또한 개의치 않았다.

이렇게 아이들의 이목을 집중시킨 나는 전교 회장에 당선

되었다. 물론 나는 누구보다 잘할 자신이 있었고 그럴 능력도 있었다. 그러나 아이들은 나의 능력에 관심이 없었다. 당선에 가장 큰 영향을 미친 것은 다름 아닌 '이마로 계란 깨기' 퍼포먼스였고, 아이들은 내가 보여 준 재미있는 쇼를 통해 나라는 존재에 강한 인상을 가졌을 뿐이다.

그 나이대 아이들에게 내가 전교 회장직을 훌륭히 수행할 능력이 있다는 걸 보여 줄 방법은 딱히 없다고 생각했다. 공약이 있지 않느냐고? 아무리 전교 회장이라도 초등학생의 공약에는 한계가 있다. 초등학교는 바꿀 수 있는 것이 그렇게 많지 않은 조직이다. 그러니 대부분의 공약은 이상적일지언정 현실성이 없었다.

나는 안 될 길 알면서 약속하는 거짓말쟁이는 되고 싶지 않았다. 그 대신 강한 인상을 남기기로 한 것이다. 이것은 매우 효율적인 마케팅 전략이었다. 화장품의 성분이 좋다고 성분표를 줄줄 읊어서는 고객을 끌어들일 수 없듯이, 아무리 나의 능력이 뛰어나다고 떠들어도 아이들의 관심을 집중시키기 어렵다는 것. 나는 직감적으로 마케팅의 힘이 크리에이티브에서 나온다는 걸 알았다.

팩트만으로는 사람들의 마음을 움직일 수 없다. 마음을 움직일 수 없다면 행동을 이끌어 낼 수도 없다. 마음을 움직이고 원하는 행동을 이끌어 내려면 남다른 접근법이 필요하다.

이 책은 창의적인 방법으로 나라는 존재를 각인시키고, 관심을 집중시키고, 원하는 것을 얻는 방법을 알려 주기 위해 썼다. 당신의 능력을 마음껏 많은 이들 앞에서 펼쳐 보일 수 있도록 말이다.

효율성 마니아의 커피믹스 대량 생산기

우리는 때로 '효율적'이라는 사고방식을 오해하곤 한다. 사람들은 효율성과 창의성을 대립적인 개념으로 생각하지만, 사실 창의적인 아이디어는 효율성 위에서 탄생한다. 효율적인 실행은 무조건 빠르다는 걸 의미하지 않는다. 요령을 피운다는 의미도 아니다. '일을 효율적으로 처리한다'는 것은, 업무 효과를 극대화하는 다양한 아이디어를 고민하는 것과 다르지 않다. 그러니 효율적인 사고를 하면 창의력은 자연스럽게 따라온다.

어릴 때부터 나는 효율적인 해결책을 찾는 걸 좋아했다. 부모님이 커피 한 잔을 타 오라고 하면 이 작은 요청에 부응하기 위해 머릿속에서 공장 하나를 뚝딱 지어 냈다. 그때는 커피믹스가 흔한 시절이 아니어서(일단 나는 본 적이 없었다) 커피, 설탕, 프림을 일일이 스푼으로 담아 조제해야 했는데, 나는 이것이 너무 비효율적이라고 생각했다. 그래서 랩을 작은 크기로 잘라 그 안에 엄마 아빠의 취향에 맞는 커피 재료를 미리 담아 두었다. 일종의 맞춤형 커피믹스를 만든 것이다.

이 과정에서도 효율성은 필수였다. 랩 한 조각에 커피 둘, 설탕 둘, 프림 셋, 이렇게 넣으면 시간이 오래 걸린다. 잘라둔 랩을 컨베이어 벨트처럼 주욱 늘어놓고 커피만 넣고, 다시 앞으로 돌아와 설탕만 넣고, 다시 앞으로 돌아와 프림만 넣는 방식으로 조제 시간을 줄였다. 이렇게 대량 제작한 수제 커피믹스는 취향이 다른 엄마와 아빠를 위해 유리병 두 개에 따로 보관해 주문이 들어오면 곧장 꺼낼 수 있도록 했다.

엄마로부터 "소라야, 커피 한 잔 타 와 봐"라는 주문이 들어오면 "엄마, 내가 얼마나 빨리 가져오는지 봐. 시~작!" 하고 외치며 신기록을 세우고 싶어 했다. 커피를 탈 때 가장 오래 걸리는 과정은 물 끓이기였는데, 그래서 주문을 받으면 바로 부엌으로 뛰어가 커피포트에 최소량의 물만 넣고 빠르게 전원부터 켰다.

나는 이런 식으로 문제를 해결하는 과정이 재미있었다. 사소한 아이디어라도 상대방이 만족할 만한 결과를 이끌어 내면 보상도 확실했다. 부모님이 만족하면 칭찬이 따라온 것처럼 말이다. 내 커리어의 성공 이유도 바로 여기에 있다. 무식하게 열심히만 해서는 일잘러가 될 수 없다. 10번 찍어 안 넘어가는 나무를 낡은 도끼로 100번씩 찍어 가며 "열심히 하겠습니다!"를 외치는 직원보다는, 시간과 에너지의 가치를 계산하여 회사에 더 좋은 전기톱을 퀵으로 주문해 달라고 요청하는 직원이 '진짜 일 잘하는 사람'이다. 그리고 좋은 판단을 내릴 수 있는 직원을 발굴하고, 그에 걸맞은 보상을 주며, 이런 결정을 스스로 내릴 수 있는 인프라를 만드는 게 리더십의 핵심이라고 생각한다.

100번쯤 말해야 인지할 수 있는 것을 한 번만 말해도 인지하게 하려면 남들이 생각하지 못한 독창적인 아이디어가 필요하지 않겠나. 목적과 목표를 정확히 인지하고 일을 '어떻게' 해야 하는지를 고민해야 한다. 고민하는 과정을 통해 창의적인 문제 해결책을 찾게 되고, 결과적으로 업무 효율성이 높아진다. 더욱이 함께 일하는 사람의 시간을 단축시켜 주고, 단축된 시간만큼 다른 업무에 집중할 수 있게 만들므로 팀 전체의 생산성을 높이는 일이기도 하다.

운전은 테슬라가 해도 내 시간은 내가 운전한다

효율성을 생각하면 업무 방식도 창의적으로 변한다. 가장 대표적인 게 '시간 활용'이다.

예를 들어, 나는 면접 날짜를 잡아야 되면 되도록 화요일이나 수요일 오후를 노린다. 주말에는 아무래도 비즈니스 영어를 쓰지 않게 되는데 만약 면접이 월요일이라면, 그것도 아침이라면 말이 잘 안 나올 수 있기 때문이다. 날짜가 여의찮다면 면접 전 미팅 일정을 여러 개 잡고 입을 풀기도 한다(이건 한국어 면접도 마찬가지다. 외국어로 일하는 사람이 아니라도 시도해보면 좋다).

또 나는 하루에 미팅을 여러 개 모아서 잡는 걸 좋아한다. 미팅과 미팅 사이에 비는 시간 동안은 누구의 방해도 없이 내 업무에만 집중할 수 있기 때문이다. 사실 미팅 사이에 쉬는 30분을 효율적으로 쓸 수 있는 사람은 별로 없다. 특히 짧은 시간 안에 빠르게 몰입하기 어려운 사람이라면 연달아 하는 미팅을 힘들어할 수 있지만, 나는 내 업무 시간을 조금이라도 확보해야 하기에 이런 방식이 잘 맞다. 그러니까 내가 어떤 방식으로 일하고 어떤 순간에 집중이 잘 되는지를 고민하고 그에 맞게 최적화한 것이다.

운전 시간을 활용하기도 한다. 나는 운전할 때 테슬라의 자율 주행 기능을 사용해서 크게 뇌를 쓸 일이 없지만, 전방을 주시해야 하니 시각 자료는 볼 수가 없어 항상 시간이 아까웠다. 그래서 운전할 때는 청각 자료를 듣기로 했다. 보통 팟캐스트나 오디오북 또는 회사와 업계 내 주요 인물의 발표 자료를 듣는다. 아니면 꼭 얼굴을 보지 않아도 되는 통화를 하기도 하고(메모해야 할 일이 생기면 상대에게 운전 중이니 미안하지만 이렇게 써서 나에게 문자 하나만 보내 달라고 부탁한다) 엄마나 여동생, 친구 등과 통화하며 안부를 나누는 시간을 가지기도 한다.

시간을 효율적으로 관리한다는 것은 내가 잘하고 즐거워하는 일에 집중하고, 하기 싫거나 잘하지 못하는 일을 다른 사람에게 위임하는 것도 포함한다. 이걸 하기 위해서는 일단 본인이 잘하는 게 무엇이고 그렇지 않은 게 무엇인지 연차가 낮을 때 빨리 찾아야 한다.

상사에게 "나는 이런 일을 더 잘하는 것 같아요. 관련 분야의 일을 더 많이 주세요"라는 요청을 하는 것도 효율성을 높이는 전략이 될 수 있다. 리더의 역량은 주어진 리소스를 활용하여 최대의 아웃풋을 끌어내는 데에 달렸으니, 그의 입장에서도 특정 업무를 좋아하고 잘하는 직원에게 그 일을 주는 게 더 효율적일 것이다. 해당 직원의 결과물은 말할 것도 없고, 업무 만족도가 높아져 더 열심히 일하며 팀에 오래 남아 있을 테니 말이다.

삶을 진화시키는 전략들

어떤 일이든 '전략적'으로 접근하는 자세는 삶을 시스템화하는 데 도움이 된다. 나는 미국 유학을 결심할 때도, 대학의 전공을 선택할 때도, 취업을 할 때도, 무엇 하나 '그냥' 결정하는 것은 없었다.

어떻게 고등학생 신분으로 미국 유학을 결심했냐는 질문을 자주 받는데, 내게 그건 굉장히 간단하면서도 전략적인 결정이었다. 그때까지 내가 직간접적으로 경험한 한국 사회는 여성이 사회적으로 성공하기에 적절하지 않았다. 부모님 세대는 똑똑하고 공부를 잘해도 동생들 뒷바라지로 재능을 꽃피우지 못하는 경우가 많았다(적어도 내가 본 풍경으로는 그랬다). 세대가 달라졌다고 해서 상황이 나아진 것 같지는 않았다. 아무리 뛰어난 능력을 가졌어도 결혼과 임신, 출산, 육아로 경력 단절이 되는 경우가 부지기수였고 여전히 사회는 가부장적이고 보수적인 문화로 가득 차 있었다. 또 한국의 입시 시스템에서는 내 가능성을 극대화하기 어려워 보였다.

"내게 주어진 환경이 내 능력과 가능성을 제한한다면, 환경을 바꿔 보자."

그렇게 생각하며 나는 내 능력을 온전히 인정받고 보상받을 수 있는 곳에 가기로 했다. 미국 유학은 이렇게 단순하지만 전략적으로 결정되었다. 삶의 기조를 정해 두면 살아가면서 부딪히는 다양한 문제와 선택 앞에서 판단을 내리기가 쉬워진다.

애쓰고, 노력하고, 주어진 일들을 성실하게 수행해 나가는 사람들을 보면 나도 덩달아 힘을 얻는다. 다만 그 노력을 할 때 구체적인 그림으로 떠올리며 '어떻게'를 좀 더 고민하라고 말해 주고 싶다. 노력하는 것보다 중요한 것은 '어떻게' 노력할 것인지 고민하는 일이다. 단순히 시간을 들이는 것이 아니라, 시간을 어떻게 쓰는지가 당신의 성장을 결정한다.

제임스 클리어 James Clear는 《아주 작은 습관의 힘》에서 '습관 쌓기 Habit Stacking'라는 개념으로 시간을 효율적으로 관리할 수 있는 전략을 소개한다. 이 전략의 핵심은 '반드시 하는 일'과 '해야 하는 일'을 연결하는 것이다. 이미 습관이 된 일상 활동 뒤에 새로운 습관을 배치함으로써 새로운 행동이 자연스럽게 일어나도록 유도한다. 뭔가 굉장히 어려워 보이지만 사실 이건 아주 단순한 전략이다.

예를 들어, 아침에 아이를 학교에 데려다주는 일은 피할 수 없는 나의 일과다. 아이를 학교에 데려다주는 일 직후에 운동 일정을 넣으면 나는 아침에 아이를 데려다주고 운동을 하러 가는 루틴을 만들 수 있다. 이렇게 두 가지 활동이 하나의 흐름으로 연결되면 운동을 미루거나 건너뛸 가능성이 줄어든다.

여기에 '손실 회피 Loss Aversion'라는 행동경제학적 개념까지 더하면 더 좋다. 이 개념에 따르면 사람들은 이익을 얻는 것보다 손실을 피하는 데서 더 강한 동기를 느낀다. 그러니까 운동을 하면 5달러를 주겠다는 보상보다 운동을 하지 않으면 5달러의 벌금을 내야 한다는 처벌이 더 효과적이라는 것이다. 나는 많은 운동 스튜디오들이 12시간 전까지 예약 취소를 하지 않고 출석하지 않으면 패널티를 부과한다는 점을 활용해 일부러 운동을 예약해 둔다. 벌금을 내고 싶지 않기 때문에 더욱 강력하게 운동하러 가겠다는 의지를 불태울 수 있다. 그 덕분에 일주일에 평균 5회 정도는 운동을 하게 되었고 출장을 가서도 근처 필라테스나 요가 스튜디오를 꼭 방문하는 습관이 생겼다. 일상의 루틴이 인생을 얼마나 변화시키겠나 싶겠지만, 이런 작은 순간들은 결국 내가 시간을 어떻게 쓰는지, 더 나아가 내가 인생을 어떻게 살아 내는지를 보여 준다.

효율적으로 사고하면 같은 노력을 해도 결과가 다르다. 남들보다 더 많이 공부하고 더 많이 일하는 것이 중요한 게 아니다. 남들과 같은 시간을 들여도 자신만의 전략과 창의적인 해결책이 있다면 더 큰 성취를 이룰 수 있다. 어떤 일이든 기존의 관습이나 방식을 그대로 답습하지 말고 '더 나은 방법'을 고민해 보자. 그것은 어느 순간 여러분을 더 넓은 세상으로 이끌어 줄 것이다.

나의 한계를 스스로 정할 필요는 없어

실리콘밸리에서 일하는 동양인 여성으로서 커리어를 쌓아오면서 나는 수없이 많은 선택 앞에 놓였다. 대학 시절, 처음으로 전공을 정해야 했을 때 칼리지 카운슬러(학부 생활이나 졸업 후 취직과 관련한 조언을 주는 상담사)는 "네가 좋아하는 걸 해!"라고 했지만 그건 어쩐지 무책임한 조언 같았다. 좋아하는 것을 하면 내 미래가 보장되나? 정말 좋아하는 것이 최선일까?

유학생 신분의 내가 어떤 전공을 해야 커리어에 가장 유리할지 고민하지 않을 수 없었다. 미국인들과 비교하면 언어 능력과 문화에 대한 이해도 떨어지고 취업 비자까지 필요하다는 매우 불리한 조건을 갖고 있었으니 전략적으로 접근하지 않을 수 없었다(유학생에게 전공은 비자와 직결되는 문제다). '이 전공을 선택함으로써 내가 얼마나 경쟁력을 갖출 수 있는가.' 이것이 가장 중요한 선택 기준이었다.

셀프 낙오 금지! 어딜 가도 살아남는 전략은 있다

고등학생 시절, 나는 정치 사회부 기자가 되고 싶었다. 언론인 출신 정치인이 되고 싶었기 때문이다. 그런데 미국에서 대학을 다녀 보니 생각이 달라졌다. 미국 생활이 생각보다 나와 잘 맞았기에 이곳에서 일해도 잘할 수 있을 거라는 자신감이 커져 갔다.

졸업 후 미국에서 취직할 생각을 갖게 되자, 아무리 생각해도 '미국에서 기자가 될 수 있을지' 의문이었다. 기자는 모국어를 남들보다 더 잘해야 하는 일이다. 내가 아무리 영어를 잘한다 해도 원어민들과 경쟁해서 살아남기는 어려울 것이다. 게다가 이공계도 받기 힘든 취업 비자를 이렇게 '문과스러운' 일로 받을 수 있을까? 마지막으로, 내가 한국에 돌아와 정치계에 입문한다 해도 '유학생 출신'이라는 편견을 극복하고 성공할 수 있을지 또한 미지수였다(당시만 해도 미국 유학을 다녀왔다고 하면 부모의 경제적 지원 속에 쉽게 살아온 듯한 느낌을 줬다). 그렇다면 나는 무슨 일을 해야 할까. 고민이 많아졌다.

보통 정치 전공을 하면 로스쿨 진학을 많이 한다. 그런데 법조 일은 방대한 양의 판례와 법률 문서를 끊임없이 읽고 분석하는 일의 반복이다. 나는 내가 흥미가 있는 일을 더 잘 해내는 사람이다. 그런데 애정과 관심이 없는 타인의 사정과 관련한 사건 자료를 내가 그렇게 죽도록 자세하게 읽어 낼 수 있을까를 생각하니 역시 그 길도 아닌 것 같았다.

우연히 교양 과목으로 수강한 경제학 수업이 진로의 전환점이 되었다. 정치학이 권력의 분배에 관한 학문이라면 경제학은 자원의 분배에 관한 학문이다. 두 학문은 서로 맞닿아 있으면서도 다른 관점으로 사회를 이해한다는 점이 무척 흥미롭게 다가왔다. 결국 나는 정치학과 경제학을 복수 전공으로 선택했다.

경쟁력이란 단순히 학위나 기술로 정해지는 게 아니다. 주어진 조건 속에서 최선의 결과를 이끌어 내는 전략적 사고와 실행력에서 비롯된다. 내 경우에는 현실적인 비자 문제, 언어적 한계, 경제적 비용, 그리고 개인적 관심사 사이에서 균형을 찾아 나만의 경쟁력을 구축했다. 경쟁력을 갖추려면 우선 객관적인 자기 인식이 필요하다. 자신의 강점과 약점, 제약 조건을 명확히 인식해야 그중에서 가장 유리한 지점이 어딘지 파악할 수 있다.

가슴이 답답해지는 말, "아직 준비가 안 된 것 같아요"

많은 후배들이 자신에게 맞는 직무를 어떻게 찾아야 하느냐고 묻는다. 그럴 때마다 나는 비슷한 맥락에서 '단순한 흥미'보다는 '내가 이 분야에서 남들보다 얼마나 더 잘할 수 있는가'를 자문하라고 말한다. 그다음으로는 사회가 그런 능력을 가진 사람에게 비용을 투자할 준비가 되어 있는지도 따져본다. 좋아하는 일과 잘할 수 있는 일이 일치한다면, 그리고 그 일이 속한 인더스트리 또한 미래가 밝다면 크게 고민할 필요가 없을 것이다. 하지만 많은 경우 그럴 수 없고 결국 고민은 쉽게 풀리지 않는다.

"제가 충분히 준비된 것 같지 않아요. 조금 더 공부하고 지원하는 게 좋을까요?"

많은 여성 후배들에게 이런 질문을 받는다. 그럴 때마다 솔직히 가슴 한쪽이 답답해진다. 페이스북(현 메타) 최고운영책임자였던 셰릴 샌드버그 Sheryl Sandberg는 그의 저서 《린 인》에서 이렇게 말했다.

"휴렛팩커드 Hewlett Packard가 작성한 사내 보고서에 따르면, 여성은 공지한 필요조건을 100% 충족해야 공개 채용식에 지원하는 반면에 남성은 필요조건의 60%를 충족한다고 생각하면 지원한다. 남녀의 이러한 차이가 가져오는 파급 효과는 매우 크다. 따라서 여성은 '나는 그 일을 수행할 준비가 되어 있지 않아'라는 사고방식에서 벗어나 '나는 그 일을 하고 싶어. 방법은 일을 하면서 배우면 돼'라고 생각해야 한다."

제발 스스로 자신의 능력치를 제한하지 않았으면 좋겠다. '시도'하는 것에 필요한 자격이란 없다. 지원해 보고, 시도해 보고, 실행해 보는 건 누구의 허락도 필요하지 않다. 내가 정말 자주 하는 말이 미리부터 자신의 한계에 실링Ceiling이 있을 거라고 짐작하지 말라는 것이다. 해 보지 않으면 알 수 없다. 내가 이 일에 얼마나 준비된 사람인지 혼자 판단하고 평가해 봤자 무엇이 달라지는가? 그저 실행력을 떨어뜨리고 시도하지 않은 핑계만 축적될 뿐이다. 실패를 하더라도 실제로 도전하고 부딪히며 배운 교훈이 본인을 더 단단하게 만든다고 생각한다. 그런 단단함이 더 빨리 목표에 도달할 수 있게 만드는 것이다.

지원 안 했는데 합격한 사람은 없다

자신에게 딱 맞는 일을 찾겠다고 이것저것 따지고 머릿속으로 고민만 해서는 자신에게 맞는 일이 뭔지 절대 알 수 없다. 일단 지원해라. 관심이 생기고, 잘 배우면 할 수 있을 것 같고, 미래가 밝아 보인다면 지원해도 좋다.

채용되어서 일을 잘 해낸다면 럭키! 나에게 맞는 일을 찾은 것이다. 채용되지 못하거나 채용되었어도 잘 해내지 못한다면? 그 면접을 통해서 내게 어떤 스킬과 경험이 부족했는지 알게 됐을 테니, 앞으로 내가 원하는 업무에 필요한 스킬과 경험을 얻기 위해 노력하면 된다. 또한 면접을 준비하고 실제 면접을 진행하면서 본인이 궁금하고 긍정적으로 느꼈던 분야가 사실은 나에게 잘 맞지 않다는 것을 알게 될 수도 있다. 여러분은 본인이 생각하는 것보다 훨씬 유능하고 배울 수 있는 능력이 있으며 성장할 수 있다. 완벽한 것보다 중요한 것은 성장하려는 자세다.

일을 배우는 가장 좋은 방법도 결국 직접 해 보는 것이다. 세상에 모든 조건을 완벽하게 갖춘 상태로 무언가를 시작하는 사람은 한 명도 없다. 우리가 해야 할 일은 불완전한 상태에서도 도전하는 용기를 갖는 것이다. 그러니 스스로를 믿고 내가 나에게 기회를 주자. 성공이든 실패든 직접 경험해야 배움도 내 것이 된다.

넷플릭스, 메타, 틱톡을 거쳐 왔다고 하면 사람들은 내가 메이저 회사들의 오퍼를 쌓아 놓고 그중 가장 좋은 조건을 골라 갔을 거라고 생각하지만 전혀 그렇지 않다. 여러 회사로부터 제안을 받고 골라서 가는 사람이 몇이나 될까? 방금 스탠퍼드 대학교의 컴퓨터공학과를 우수한 성적으로 졸업한 수재

나, 모두가 원하는 AI 분야의 권위자라면 모르겠다. 이런 사람들은 극소수에 불과하다.

전문성과 직책이 올라갈수록 나에게 맞는 회사와 직책의 범위도 줄어든다. 비슷한 시기에 비슷한 직책을 여러 회사에서 동시에 구인하고 있을 가능성도 작아진다. 그러니 내가 원하는 타이밍에 취직 기회를 얻는 것은 드문 일이다. 나도 처음부터 기회를 거머쥘 수 있었던 것은 아니다. 지금 이렇게 성장할 수 있었던 건, 고민할 시간에 그냥 행동했기 때문이다. 재미있어 보이는 구인 공고가 있으면 지원을 망설이지 않았고, 면접 제안을 받으면 최선을 다해 준비하기를 반복했다.

커리어라는 것은, 구글 맵에 목적지를 입력하고 음성 비서의 안내대로 쭉쭉 뻗어 나가는 모양으로 그려지는 것이 아니다. 시도하고 지원하고 실행하며 시행착오를 반복하는 것. 가끔은 왔던 길을 돌아가기도 하고 엉뚱한 길에서 헤매기도 하다가 문득 정신을 차려 보면 더 멋진 목적지에 도착해 있기도 하는 것이다. 사는 건 결코 뜻대로 되지 않는다는 이야기다.

실제로 나는 트위터(현 X)의 마케팅 팀장직의 마지막 면접 자리까지 갔다가 떨어진 적이 있다. 나름 가능성이 있다고 생각했고 준비도 많이 했기에 다른 이가 붙은 걸 보고 한동안 배가 아팠다. 하지만 얼마 안 가 일론 머스크가 회사를 인수하고, 여러 차례의 정리 해고로 회사가 매우 어수선해졌다.

내가 가고 싶던 자리를 차지한 이는 1년 8개월 만에 정리 해고를 당했다. 그의 불행이 안타까운 것과 별개로, 역시 인생은 새옹지마라는 말을 항상 기억하게 되었다. 좋은 일이 있다고 너무 기뻐할 필요도, 나쁜 일이 있다고 너무 슬퍼할 필요도 없다.

세상일은 천운도 중요하다. 나 혼자 완벽하게 계획을 짜고 훌륭하게 수행해도 늘 원하는 결과가 나오지 않는 것을 보라. 하지만, 내가 컨트롤할 수 있는 분야에서는 적극적으로 운전대를 잡고 최선을 다해야 한다. 길의 상태와 날씨는 내가 컨트롤할 수 없더라도 기름을 넣고, 안전벨트를 매고, 시동을 걸고, 내가 좋아하는 음악을 틀고, 액셀을 밟는 것은 전적으로 나만 할 수 있는 일이다.

길을 헤맬까 봐 출발도 하지 못하고, 시동도 걸지 못한 채 목적지가 너무 멀고 가는 길이 힘들다고 울지 말자. 이미 많은 커리어를 쌓고 다양한 성공 경험을 한 것처럼 보이는 나도 늘 새로운 도전과 모험을 하고 있다. 나는 어떤 상황이든 미리 걱정하지 않는다. 걱정해서 뭐가 달라지겠는가? 두려움을 없애는 가장 좋은 방법은 직접 행동하는 것이다. 확신이 없고 불안할수록 나는 망설이지 않고 시도한다. 준비가 될 됐다고 머뭇거리는 순간, 기회는 사라져 버릴지도 모른다.

비자 없는 유학생이
넷플릭스와 메타로 이직한 비결

　UC버클리는 수강 신청이 정말 치열했다. 인기가 많은 수업은 졸업을 앞둔 시니어들에게 우선권이 주어져서 1~3학년에게는 수강할 기회가 오지 않는 경우가 많았다. 나도 내가 원하는 수업들을 듣지 못하게 된 학기가 있었고, 그땐 아예 휴학을 했다. 그렇게 비싼 학비를 내면서 관심도 없고 재미도 없는 수업을 듣고 싶지는 않았기 때문이다.

　그런데 휴학 때문에 일이 조금 꼬여 버렸다. 남들 다 졸업하는 5월이 아닌 12월에 졸업하게 되었는데, 문제는 리크루팅(주로 신입사원을 채용하기 위한 활동)이 대체로 여름에 집중되어 있던 것이었다. 여기에 비자 문제까지 맞물리자 구직 활동에 큰 공을 들일 수 없던 나는 소셜 앱을 개발하는 스타트업에서 첫 업무를 시작하게 되었다. 그곳에서 그리 오래 일하지는 못했다. 회사가 시드 단계*에서 투자를 받지 못하는 바람에 일찍 문을 닫았기 때문이다. 새로운 일자리를 찾아야 할 타이밍이었다.

사소한 차이가 나를 돋보이게 만든다

"Are you guys hiring these days?(요즘 사람 뽑으세요?)"

캠퍼스에서 열리는 취업 박람회에 갔을 때, 내가 마주한 수많은 구직자들은 이런 질문을 하며 어슬렁거리고 있었다. '취업 박람회'에 와서 사람을 뽑냐니, 이게 대체 무슨 바보 같은 질문인가? 그럼 기업이 시간과 인력이 남아서 놀러 왔을까? 당연히 열심히 일할 훌륭한 인재를 뽑으려고 왔겠지(근데 아마 그게 너는 아닌 것 같다).

그들은 'UC버클리 정도 졸업했으니 어디든 가겠지' 하는

---

* 스타트업 회사의 투자 단계 중 하나. 보통 1. 프리시드 단계(창업 초기 단계) 2. 시드 단계(최소 기능 제품MVP 개발을 완료. 아직 수익은 없지만 시장 반응이 일부 있는 경우) 3. 시리즈A(명확한 수요를 확인하고 핵심 사용자층을 확보한 경우) 4. 시리즈B(수익이 발생하면서 확실한 수익 모델을 확보했을 경우. 빠른 성장 궤도에 진입한 단계) 5. 시리즈C(시장 점유율을 확보, 흑자 전환 직전 또는 이후 단계) 이상의 단계로 나아간다. 이 모든 단계를 거쳐 투자가 성공적으로 이루어지면 최종 상장 또는 인수로 귀결된다.

마음으로 대기업에서 나눠 주는 공짜 굿즈나 받으면서 부스를 배회하는 듯했다. 그런 부류의, 절박할 것 하나 없는 나이브한 태도를 마주할 때마다 짜증이 솟구쳤다. 저러고도 좋은 일자리를 얻을 수 있다고 생각하는 안일함이 한심했고, 그럼에도 개중에는 좋은 일자리를 얻는 사람이 있다는 사실이 약올랐다. 영어를 모국어로 쓰는 유창함과 미국 시민이라는 신분, 그리고 별로 멀지 않은 곳에 그들의 부모가 있다는 게 부러웠다.

나는 취업 박람회에 오기 전 모든 회사를 조사했다. 내가 관심 가는 회사는 어딘지, 나와 잘 맞을 것 같은 곳은 어딘지, 나를 채용해 줄 만한 곳은 어딘지 미리 파악했다. 그 과정에서 발견한 곳이 비디오 광고 플랫폼 회사 튜브모굴TubeMogul[*]이었다. 일전에 비즈니스 잡지에서 '일하기 좋은 기업' 리스트에 뽑힌 걸 본 적이 있었다.

취업 박람회를 통해 취업에 성공한 1년 선배 언니는 내게 사소하지만 중요한 조언을 해 줬다. 이력서를 일반 A4 용지에 출력하지 말고 살짝 두꺼우면서도 연하게 색깔이 들어간

---

[*] 2007년에 창립된 비디오 광고 플랫폼 회사. 기업이 다양한 영상 플랫폼에 광고를 쉽게 올리고 관리할 수 있게 도와주는 서비스를 제공했으며 2016년에 어도비Adobe에 인수되어 어도비 마케팅 제품에 통합되었다.

종이를 사용하여 수많은 이력서 중에서 좀 더 돋보이게 하라거나, 이름 옆에 펜으로 별표 표시를 해 두라는 것이었다.

"박람회의 부스를 담당하는 직원들은 한 명이 아니잖아. 보통 교대로 부스에 나올 거란 말이지. 그런데 이력서에 별표가 되어 있으면 다른 직원이 이 친구를 좋게 봤나 보다 생각하면서 좀 더 눈여겨보게 되거든."

사실 취업하고자 하는 회사에 대해 알아보고, 이력서를 눈에 띄게 만드는 건 그리 특별한 일이 아닐 수 있다. 하지만 의외로 많은 경쟁자들이 그런 기본도 하지 않는 경우가 많다. 내가 그들보다 조금만 더 신경 쓰고 노력한다면 기회는 만들 수 있다.

"명심해. 네가 다른 사람보다 조금이라도 더 탁월하다는 걸 보여 줘야 해."

한창 성장 중이었던 튜브모굴은 많은 인력이 필요한 때였고, 마침 열의와 성의를 보인 나는 퍼포먼스 마케팅팀의 팀원으로 입사할 수 있었다. 입사 후에도 이런 노력을 멈추지 않았다. 나는 회사에서 아침 7시에 1등으로 출근하고, 가장 늦게 퇴근하는 사람이었다. 일이 재미있는 것도 있었지만, 오버해서라도 내가 이 회사에 필요한 존재라는 걸, 내가 이만큼 열심히 일하는 사람이라는 걸 보여 주고 싶었다. 그러던 중

나의 OPT* 비자 만료일이 다가왔다.

  유학생들은 취업할 때 비자가 가장 큰 걸림돌이다. 취업 비자를 취득하려면 회사의 지원이 반드시 필요한데, 그 과정에서 들어가는 비용이 만만치 않고, 또 복권 체제라 돈으로만 해결되는 문제가 아니기 때문에 개발자 직군이 아닌 이상 굳이 외국인을 채용하려는 회사는 많지 않다. 많은 대기업들이 비자가 필요하냐는 질문에 '그렇다'는 답을 듣는 순간 채용 자체를 안 하는 경우가 대부분이다. 당시 100명 정도의 직원이 있던 튜브모굴은 내게 그런 질문을 하지 않았다. 그렇게 입사 후 첫 2주의 시간이 흘러갔다. 뒤늦게 내 비자가 만료되어 간다는 사실을 알게 된 매니저는 뜻밖의 말을 해 주었다.

  "엔지니어들은 비자를 취득할 수 있게 해 주면서 왜 마케팅 직군은 안 되는 거죠? 소라 씨만큼 열심히 일하는 사람의 비자를 해결해 주지 않는 건 불공평하다고 생각해요."

  비자 취득에 필요한 비용은 당시 내 연봉의 절반가량이었다. 나는 그 비용을 직접 내서라도 비자를 얻고 싶다는 의사를 밝혔다. 결국 회사는 이런 나의 의지와 그간의 노력들을 인정해 주었고, 동료들은 내가 이 회사에서 얼마나 중요한 사

---

* Optional Practical Training. 학생 비자를 소지한 국제 학생들이 본인의 전공과 관련된 분야에서 최대 12개월까지 일할 수 있는 제도.

람이고 좋은 동료인지에 대한 손 편지를 써서 미국 이민국 비자 지원서에 동봉해 주었다.

내가 회사 안에서 중요한 사람이라고 인정받지 못했다면, 비자 문제를 해결하지 못한 채 한국으로 돌아갔을지도 모른다. 박람회 부스를 어슬렁거리며 돌아다니는 미국인들은 믿는 구석이 있었는지 모르겠지만, 유학생 출신의 아시안 여성으로서 이 치열한 세계에서 살아남으려면 나는 작은 것 하나라도 남달라야 했고 탁월함과 성실함을 증명해야 했다. 그게 억울하냐고? 아니, 전혀 그렇지 않다. 끊임없이 노력하고 자신을 갈고닦는 건 다른 누구도 아닌 나를 위한 일이다. 결국 모든 노력은 미래의 나에게 돌아온다. 나는 실리콘밸리의 커리어를 이어 오면서, 노력하면 보상은 언젠간 부메랑처럼 돌아온다는 사실을 경험했다.

첫 직장은 도약을 위한 발판이다

당시 나보다 나이가 좀 있던 직장 동료에게 우리가 함께 재직하던 회사에 대한 푸념을 하고 있을 때(인간은 참 간사한 동물인 것 같다. 우여곡절 끝에 비자를 받고 얼마 되지 않아 벌써 회사 욕을 하고 있었다니!) 그녀는 나에게 인터넷에서 화제가 된 '넷플릭스 문화'라는 슬라이드를 보여 주었다.

> 많은 회사들이 로비에 그럴듯한 가치 문구를 내걸곤 합니다.
>
> 정직 Integrity
> 소통 Communication
> 존중 Respect
> 탁월함 Excellence
>
> 그러나 사기 행위로 파산했고 경영진이 감옥에 간 엔론* 역시 바로 이 네 가지 가치를 로비에 내세웠습니다(물론 이 가치는 실제로 엔론이 중요하게 여긴 것이 아니었습니다).
> 한 조직의 진짜 가치는 '누가 보상받고, 승진하고, 해고당하는가'로 드러납니다. 즉, 진짜 회사의 가치는 동료 직원에게서 인정받는 행동과 역량을 통해 확인할 수 있습니다.

충격적이었다. 넷플릭스가 이런 경영 철학을 가진 회사였다고? 그 시절 넷플릭스의 인지도는 지금과는 비교도 할 수

---

* 미국의 에너지 기업으로, 2001년 회계 부정과 경영진의 사기 행위로 파산했다. 당시 자산 규모 기준 미국 역사상 최대 기업의 파산이었으며 이 사건은 이후 기업의 회계 투명성과 기업 윤리 강화에 큰 영향을 미쳤다.

없을 만큼 낮았기에 큰 관심을 두고 있지 않았다. 슬라이드를 본 나는 단번에 그곳에 매료됐다. 참 솔직했다. 멋져 보이는 가치들로 회사를 포장하기보다, 일하는 사람들의 진짜 능력과 태도를 중시하는 회사라니.

이 회사의 창업자이자 당시 CEO였던 리드 헤이스팅스[Reed Hastings]가 자주 하는 말이 있었다.

"최고의 회사란 핑퐁 테이블이나 공짜 커피로 결정되는 게 아닙니다. A 플레이어들만 모아 놓은 집단에서 일해 볼 수 있는 기회, 그게 가장 큰 복지입니다."

이런 회사에서 일하고 싶은 마음이 샘솟았다. 그런데 얼마 뒤, 거짓말처럼 넷플릭스의 인사 담당자가 링크드인[LinkedIn]으로 메시지를 보내 왔다.

"소라 님, 저희는 마케팅 조직 내의 '퍼포먼스 마케팅 트레이딩 데스크팀'에 합류할 우수한 인재를 찾고 있습니다. 이 포지션은 당사의 프로그래매틱 광고 집행 성과를 극대화하는 데 핵심적인 역할을 하게 됩니다. (중략) 소라 님에 대해 더 자세히 알고 싶고, 직접 설명드리고 싶습니다. 관심 있으시다면 편하게 말씀해 주세요."

당시 튜브모굴은 비디오 프로그래매틱 바잉[*]이라는 새로운 온라인 광고 집행 방식에 집중하는 몇 안 되는 회사였다. 이 방식에 대한 기업들의 수요는 많았지만 그것을 제대로 경험한 인력은 많지 않은 상황에서 나는 넷플릭스가 지금 바로 필요로 하는 사람이었던 것이다. 그렇게 나는 세 배 이상 높은 연봉을 받으며 우리 팀 최초로 넷플릭스로 이직한 직원이 되었다.

  넷플릭스에서의 일은 무척 즐겁고 재미있었다. 분업이 워낙 잘 되어 있고 각자의 업무 전문성이 강한 환경이었다. 동료들은 자신의 직무만 몇 년, 또는 수십 년간 해 왔기 때문에 모두가 일을 매우 잘했다. 그렇기 때문에 다른 팀으로 이동하기가 꽤 어려운 편이었다. 더 다양한 업무를 하고 싶어도 회사 내에서 팀 이동을 하기 어렵다는 것은 조금 답답하게 느껴지기도 했다. 갑자기 나타난 마이크로매니징을 하는 새로운 매니저도 별로였고, 이런저런 이유로 회사에 불만을 느끼던 중 나의 첫 회사의 상사로부터 연락을 받았다. 그는 메타의 엔지니어링 리더로 일하고 있었는데, 그의 추천을 받아 메타로의 이직 기회를 얻게 된 것이다(거 봐라, 별것 아니어 보이는

---

* Video Programmatic Buying. 영상 광고를 자동으로 사고파는 시스템. 사람이 일일이 광고를 예약하고 배치하는 대신, 컴퓨터가 실시간으로 광고 자리를 사고, 광고를 보여 주는 방식. 예를 들어 유튜브에서 영상 앞이나 뒤에 뜨는 광고는 시청자의 나이, 성별, 지역, 관심사를 바탕으로 광고주들이 자동 입찰한 결과로 가장 적절한 광고가 뜨는 것이다. 이 과정을 비디오 프로그래매틱 바잉이라고 한다.

회사라도 매사에 열심히 하면 어떻게든 돌아온다).

 세상에 의미 없는 경험은 없다고들 하는데 그건 정말 맞는 말이다. 첫 직장이 내 성에 차지 않는다고 해서 쉽게 좌절하지 않았으면 좋겠다. "나는 이런 하찮은 일을 하고 있을 사람이 아니야"라는 자만심으로 일을 대충 하거나 동료들을 무시하지 않았으면 좋겠다. 모두가 처음부터 대기업에 들어가야 커리어가 잘 풀리는 것은 아니다. 열심히 노력해서 점점 더 나에게 맞는 직장으로 이직하며 커리어를 성장시키는 건 미국이든 한국이든 어디에서든 통하는 진리다. 내가 다닌 첫 번째 회사는 지금 존재하지도 않는다. 나는 회사가 망해서 그만둘 수밖에 없었다. 그렇다고 그곳에서의 경험이 아무 의미 없지는 않다. 첫 직장에서 만난 인연이 나를 메타로 이끌지 않았나. 오늘 내가 경험한 시간은 사라지지 않는다. 다만 축적되어 내 역량으로 흡수될 뿐.

 경험을 통해 무엇을 배웠는지 고민해 보는 시간을 갖는 것은 좋은 태도다. 나는 이혼을 했지만 후회하지는 않는다. 이미 일어난 일을 후회하는 건 의미가 없다. 대신 새로운 사랑을 찾을 때 나에게 중요한 기준은 무엇이고, 내가 어떤 성향의 사람과 잘 맞는지 아는 데 많은 도움이 되었다고 생각한다. 결국 나의 평생 배우자(뿐만 아니라 당신이 원하는 무엇이든)를 찾는 데 한 발 더 가까워지는 경험이었다고 생각하는 것이, 젊은 날을 다 버렸다고 생각하는 것보다 훨씬 건강한 마음가짐이다.

커리어는
시행착오 횟수만큼 좋아진다

마케팅 캠페인을 할 때 한 번만 해 보고 결정하지 말라는 이야기가 있다. 예를 들어 A라는 특징을 가진 인플루언서와 협업해 봤는데 결과가 안 좋았다고 해서 앞으로 비슷한 유형의 사람과 협업하지 않겠다고 결론지어서는 안 된다는 것이다. 예산이 얼만지에 따라 다르겠지만 적어도 세 번에서 열 번 정도는 유사한 시도를 해 보고 세일즈에 도움이 되는지 안 되는지를 따져야 한다. 알고리즘은 자주 바뀌고, 때론 좋은 콘텐츠라도 노출이 잘 안 되는 경우도 있다. 항상 거짓 양성False Positive와 거짓 음성False Negative의 가능성이 있으므로 어떤 결론을 내기 전에는 충분한 경험과 사례가 필요하다.

이런 원칙은 어떤 업무를 하든 적용할 수 있다. 지금 하는 일이 나와 잘 안 맞는 것 같다고 곧장 회사를 그만두거나 이 직처를 알아보지는 말자(그래도 다른 회사에서 연락이 온다면 면접은 보는 게 좋다. 그 자체가 경험이기 때문이다). 어쩌면 직무가 문제가 아니라 우리 팀에서 협업하는 프로젝트가 나와 맞지 않는 것일 수 있고, 나와 가깝게 일하는 사람과 안 맞는 것일 수도 있다. 그럴 때는 회사 안에서 다양한 경험을 시도해 보는 것부터 고려해 보자.

회사 차원에서 진행되는 큰 프로젝트에 참여해 보는 것도 방법이다. 특정 목표를 위해 일시적으로 모이는 태스크 포스^{TF} 팀에 지원해 같이 일해 보지 않은 사람들과 협업하거나, 사내 모임을 이용해 다른 팀 사람들과 만나 보는 것이다.

나는 넷플릭스와 메타에서 늘 사내 코리안 모임의 리더 역할을 맡았다. 대단한 일을 한 것은 아니고, 그냥 바쁜 사람들이 만날 수 있게 약속을 잡고 회사의 동아리 예산을 신청하는 정도의 일을 도맡았다. 내가 조금 수고하면 회사 내 한국인들과 교류하며 더 큰 결과를 얻을 수 있을 거라고 생각했다. 덕분에 다양한 사람들을 만나면서 '이런 팀은 이런 특성을 가진 사람들이 있구나, 저런 팀은 저런 식으로 일하는구나' 하는 걸 알게 되었다.

특히 리더끼리 어떤 관계를 갖고 있는지, 그것이 나와 내 팀에 어떤 영향을 미칠 수 있는지 생각하는 일이 재밌었다.

어딘가에서 좋은 정보를 들으면 나의 매니저에게 달려가 "우리가 이 프로젝트를 가져와야 해요! 그게 지금 우리 저커버그 님의 최대 관심사래요!"라고 외쳤다. 실제로 이런 정보가 나의 팀에 좋은 프로젝트를 가져오는 결과를 부르기도 했다(내가 모신 상사들은 늘 승진을 많이 했다). 그러니 그냥 놀러 가는 모임만은 아니었다는 이야기다. 한 회사에서 일하면서 자신의 업무에만 몰두하고 자신의 영역 밖에 관심을 두지 않으면 더 많은 배움의 기회를, 더 단단한 동아줄을 잡는 기회를 놓칠 수도 있다.

회사의 코리안 모임에서 활동하면서 알게 된 것은 '나는 역시 일 잘하는 아시안들과 잘 맞는다'는 사실이었다. 곱게 자란 백인 중산층 출신들은 우리가 왜 이렇게 치열하게 사는지 전혀 이해하지 못했다. 아시안 아메리칸의 치열함이 그들의 무능함을 도드라지게 하기에 경계하는 것 같기도 했다. 이런 식으로 특정 유형의 사람들과 일하는 게 맞지 않다는 걸 느낀다면, 나와 잘 맞는 유형의 동료가 많은 팀으로 옮겨 볼 수도 있고 그게 여의찮으면 서로 부딪치지 않게 업무를 조율해 볼 수도 있다. 간접 경험의 기회를 많이 가지면, 지금 내게 닥친 어려움이 무엇에서 비롯된 것인지 파악하기 쉬워지고 스스로 대안을 마련할 수 있게 된다.

최적화 강박을 버려라

"이 스펙이 도움이 될까요?"
"이 직종에 필요한 자격증이 뭔가요?"
"어떤 전공을 해야 취업이 잘될까요?"

대학에서 특강을 해 보면 요즘 친구들이 지나치게 '최적화'에 미쳐 있다는 걸 느낀다. 어떤 대학에 가고, 어떤 전공을 하고, 자격증과 어학 점수를 얻고, 이런 회사에 취업해서 향후 5년 이내에 무엇을 이루고…. 최종적으로는 결혼 정보 회사에서 높은 등급을 받아 수준이 맞는 배우자를 만나 결혼하고 싶어 한다(모두가 그런 건 아니다).

반면 내가 무엇을 원하는지, 어떤 삶을 살고 싶은지, 어떤 사람이 되고 싶은지에 대한 생각은 없다. 모두가 치트키만 찾으려는 모습을 보면 마음이 서늘해진다. 최적의 길을 찾기 위해 자신이 원하는 길을 놓치고 있는 게 뻔히 보이기 때문이다. 물론 이런 질문을 하는 개개인의 문제라기보단 사회의 문제인 것 같아 안타까운 마음도 크다.

지금 여러분에게 중요한 건 보물섬의 비밀 지도를 얻어 내는 게 아니라, 나에게 '보물섬'의 정의는 무엇이고, 내가 왜 보물섬을 찾으려 하는지 내면의 욕망을 들여다보는 것이다. 어떤 목적지를 설정하기 전에 내가 '왜' 그곳에 가고자 하는지 알아야 한다. 그걸 알기 위해서 '나는 누구인가'라는 근원적인 질문에 대해 고민하고 성찰해 보자. 나는 어떤 사람인가? 나는 무엇을 좋아하는가? 무엇을 할 때 가슴이 뛰고 몰입할 수 있는가? 이런 질문에 답할 수 없다면 길을 잃었을 때 방향을 잃고 헤맬 수밖에 없다. '남들 눈에 좋아 보이는 것을 얻기 위해' 달려가다 보면 문득 '내가 왜 이걸 하고 있지?'라는 의문과 당혹스러운 순간을 맞이하게 될 것이다. 회사에서 힘든 일이 생겨도 자신이 원하는 것을 정확히 알지 못하면 이직을 해도 계속해서 같은 고민을 반복하게 될 것이다.

도파민 끄고 감정과 반응에 귀 기울일 것

나를 아는 방법은 생각보다 쉽다. 나를 탐색하는 '시간'을 갖는 것이다. 다른 모든 자극으로부터 떨어져 조용히 나에게 집중해 보자. 휴대폰도 멀리 두고, 음악도 끄고, 책도 잠시 덮고, 우리가 도파민을 얻기 위해 하는 모든 행위들을 멈춘다. 오직 나 자신과의 대화에만 몰입해 보라. '시간을 낭비하는 것 같아.' '생산성이 높아야 해.' '이걸 해서 도움이 될까?' 이런 생각들은 잠시 멈춰도 좋다. 내가 어떤 대상으로부터 멀어지고자 할 땐 자신의 의지로 끊어 내는 자기 통제가 필요하다.

또한 언제나 자신의 감정과 반응을 관찰하는 습관을 들이는 것, 그러니까 자신의 상태를 늘 민감하게 알아차리는 것도 중요하다. 그냥 지나쳤던 감정과 반응에 집중해 본다. 그리고 그것들을 정리해 보자. 예를 들면 이런 식이다.

- 나는 주도적이지 않은 사람과 이야기하면 쉽게 피곤해진다.
- 나는 주어진 공식을 그대로 따르기만 하는 일을 할 때 지루함을 느낀다.
- 나는 다양한 분야의 사람들과 협업할 때 월요일이 기다려질 정도로 설렌다.
- 나는 성과에 대한 보상을 공정하고 확실하게 주는 조직에서 빛난다.
- 나는 오랜 시간 준비했던 프레젠테이션을 성공적으로 만들고 계약을 따냈을 때 가슴이 설렌다.
- 나는 내가 배울 점이 많은 멋진 보스 밑에서 일하는 게 매우 중요하다. 존경할 수 없는 보스는 나에게 최악의 환경이다.

보통은 부정적인 감정을 느끼면 그것에서 벗어나려고 애쓰고, 긍정적인 감정을 느끼면 유지하고자 애쓴다. 이때 '내가 왜 그 순간에 그런 기분이 들었을까?'를 되물어 보자. 그러면 내가 좋아하는 것, 싫어하는 것, 잘할 수 있는 것, 견딜 수 없는 것, 감내할 수 있는 것, 원하는 것, 원하지 않는 것 등을 알 수 있다. 직장 생활 중 나에게 가장 행복했던 날이 어떤 날이었는지 회상해 보는 것도 도움이 된다.

  나를 알아가는 시간이 없으면 어떤 목표를 세우더라도 결국 다른 누군가의 기준에 맞춰 살게 된다. 가끔은 아무것도 하지 않는 시간을 통해 내면의 목소리에 귀를 기울여 보자. 목표를 향해 계단을 오르는 것보다 내 마음이 보내는 신호를 듣는 일이 더 중요할 수도 있다.

진로를 고민할 때
우선으로 삼아야 하는 것

캘리포니아의 따뜻한 햇살이 차창을 스치고 지나갔다. 눈부시게 하얀 BMW M6가 도로 위를 미끄러지듯 힘차게 앞으로 나아갔다. 실내는 루부탱의 레드솔을 연상시키는 고급스러운 빨간 가죽 시트로 감싸져 있고, 뱅앤올룹슨 우퍼에서 티에스토Tiësto의 노래 〈Maximal Crazy〉가 흘러나왔다. 베이스 소리가 둥둥거리는 건지, 내 심장이 쿵쿵거리는 건지 알 수 없었다. 핸들을 꽉 쥐었고 입가에 절로 미소가 번졌다. 몇 시간 전, 나는 투자 미팅에서 큰 성과를 이루고 나온 참이었다. 논리적인 언어와 스토리텔링으로 그들의 신뢰를 얻었고, 설득에 성공하여 결국 원하는 바를 얻어 냈다. 정말 끝내주는 기분이었다. 나는 그 순간을 온전히 즐기고 있었다.

나는 어떤 사람인가?

 그때의 나는 왜 그렇게 행복했을까? 단순히 미팅을 성공적으로 마쳤기 때문일까? 지금도 그날의 그 순간을 자주 떠올린다. 내가 어떤 사람인지, 어떤 가치를 중시하는 사람인지, 무엇에 행복을 느끼는지 통합적으로 알게 된 상징적인 사건이었기 때문이다.

 나는 '설득하는 과정'을 사랑하는 사람이다. 프레젠테이션을 준비하면서 상대가 보일 반응을 예상하고, 그들은 어떤 메시지에 움직일까 고민하며 스토리텔링을 하고, 그 흐름을 조정해 설득해 나가는 과정 자체가 나를 흥분시킨다. 또 나는 '당신에게 왜 이것이 필요하고 이걸 통해 무엇을 이룰 수 있는지' 설명하고, 상대의 공감을 얻고, 리소스를 얻어 내는 일을 잘하는 사람이기도 하다. 나는 그날 이런 과정을 통해 투자 유치라는 결과를 이끌어냈다는 것에서 희열을 느꼈다. 그것은 내가 하는 일의 본질을 보여 준 단면이기도 했고, 내가 무엇으로 성취감을 느끼는 사람인지 알게 된 기회이기도 했다.

 나는 '공간'에 민감한 사람이다. 자동차는 내가 하루 중 가장 오랜 시간을 보내는 공간이기 때문에 어떤 차를 타느냐는 내게 아주 중요한 문제였다. 빨간 가죽 시트, 우퍼가 빵빵한 사운드 시스템, 눈부시게 하얀 도색, 내 취향으로 가득 찬 세련된 자동차의 요소요소들에 성공이라는 짜릿한 경험까지 더해져 그날의 장면이 더욱 강렬하게 남았는지도 모르겠다. 자동차를 중요하게 생각하는 이런 내 모습이 속물처럼 보인다면 그 또한 쿨하게 인정하겠다. 이런 재미에 돈 버는 것 아닌가?

커리어를 결정하는 세 가지 기준

'이키가이生き甲斐'는 일본어로 '살 이유'를 뜻한다. 이키가이가 꼭 거창할 필요는 없다. 좋아하는 카페에서 마시는 따뜻한 커피, 사랑하는 아이의 웃음, 무언가에 푹 빠져 몰입하는 시간… 이런 작고 소중한 순간들이 인생을 버티게 하는 힘이 된다.

요즘 자기계발 분야에서는 이키가이를 네 가지 질문으로 풀어 낸다.

- 내가 사랑하는 것
- 내가 잘하는 것
- 세상이 필요로 하는 것
- 그리고 내가 돈을 벌 수 있는 것

이 네 가지가 교차하는 지점이 바로 '나만의 길'이자, 지속 가능한 커리어의 시작점이다.

뉴욕 대학교의 스콧 갤러웨이Scott Galloway 교수 역시 비슷한 메시지를 전한다. 그는 "성공은 내가 잘하는 것과 시장이 원하는 것 사이에서 발생한다"고 말한다. 여기에 내가 즐거움을 느끼는 것까지 포함된다면, 그건 단순한 성공이 아니라 지속 가능한 성공이 된다.

내가 잘하는 것, 세상이 원하는 것, 내가 즐거운 것, 이 세 가지 요소가 겹치는 지점에서 진정한 성공과 만족을 찾을 수 있다. 내가 가장 큰 행복감과 성취감, 만족감을 느꼈던 순간은 바로 이 세 가지 요소가 정확하게 일치하는 지점이었다. 나는 상대를 설득하는 일을 잘하고, 이것으로 좋은 성과를 얻을 때 기쁘고, 이는 내가 속한 업계가 핵심적으로 필요로 하는 스킬이다.

진로를 고민할 때, 아무리 생각해도 내가 무엇을 좋아하고 잘하는지 명확히 알지 못할 때가 있다. 그럴 땐 일을 하면서 행복감과 성취감을 느낀 순간은 언제였는지를 떠올리는 일이 도움이 된다.

"When was the best day at work for you?(언제가 가장 슬거운 날이었나요?)"

내가 팀원들에게 자주 물어보는 질문이다. 주어진 일을 잘

해내는 것도 중요하지만, 그 과정에서 느끼는 감정을 기억하는 것도 중요하다. 즐거웠던 프로젝트에는 어떤 공통점이 있고, 나의 감정을 소모하게 한 프로젝트와 사람에는 어떤 공통점이 있는지 마음속에 적어 놓는다.

개인적으로 갤러웨이 교수가 제안한 세 가지 요소 가운데 가장 중요한 것은 '세상이 원하는 것'이라고 생각한다. 많은 사람들이 간과하는 부분이기도 한데, 모든 업무와 스킬에는 수요와 공급이 존재한다. 지금 컴퓨터 엔지니어들이 돈을 많이 버는 이유도 수요에 비해 공급이 따라 주지 않기 때문이다. 희소성 있고 시대가 필요로 하며 체득하기 어려운 기술을 가질수록 '고급 인력'으로 대접받는다. 그렇다고 컴퓨터 엔지니어가 되라는 것은 아니다. 자기 분야에서 남들보다 뛰어나고 비싼 제품이 되려면, 회사가 원하는 스킬을 찾고 그것을 연마하려고 노력해야 한다는 이야기다.

내가 튜브모굴에서 넷플릭스로 이직할 수 있었던 것도 당시 많은 기업들이 비디오 프로그래매틱 바잉 영역을 담당할 사람을 원했기 때문이다. 그때는 영상이 아닌 배너 광고에 집중하던 시기였기에 이와 관련한 업무 경험자가 기업의 수요에 비해 많지 않았다. 나는 그만큼 희소성이 있는 인력이었다.

틱톡에서 근무할 때도 한창 AI 붐이 일자 나는 누구보다 먼저 AI 관련 업무를 하려고 애썼다. 지금 시장이 가장 원하는 능력을 갖는 것이 나의 경쟁력을 높이는 일이기 때문이다. 경쟁력이 높아지면 일의 숙련도가 높아지고 재미도 커진다. 이는 결국 더 높은 연봉으로 이어진다. 그래서 시장이 원하는 것을 고려하는 건 중요하다.

내가 가려는 회사가 속한 산업의 성장 가능성도 현실적으로 따져 봐야 한다. 같은 산업 내에서도 빠르게 성장하는 부문이 있고 쇠퇴하는 부문이 있다. 예를 들면 같은 광고업계인데 신문 광고, 옥외 광고, 심지어 전화번호부 광고 같은 분야는 이미 졌거나 지고 있는 분야다. 하지만 영상 광고, 프로그래매틱 광고, 소셜 광고, 소셜 커머스는 지금 떠오르고 있는 분야다.

현대 사회를 살아가는 사람이라면 보통 이 정도 세상의 변화는 읽어 낼 수 있지만, 취업 앞에서는 회사의 규모나 높은 연봉에 현혹되어 엉뚱한 판단을 하기 쉽다. 그러나 산업의 흥망성쇠는 내 커리어의 안정성과도 직결된다. 당장 눈앞의 유혹에 흔들리지 말고 좀 더 신중하게 선택하기를 권한다.

하고 싶은 일? 일단 세상이 원하는 일부터

물론 모두가 떠오르는 산업에 종사할 수는 없을 것이다. 그래도 최소한의 흐름은 읽을 줄 알아야 한다. 그래야 자신의 커리어를 좀 더 장기적으로 계획하고 관리할 수 있다. 자신이 가고자 하는 업계의 미래가 잘 파악되지 않는다면 떠오르는 산업의 공통점을 들여다보며 힌트를 얻을 수 있다. 먼저 다음의 네 가지를 따져 보자.

첫째, 기술 변화에 따른 수요가 폭발하는 분야인가?(AI, 데이터 사이언스, 블록체인) 둘째, 새로운 소비 패턴을 반영하는 분야인가?(인플루언서 마케팅, 크리에이터 이코노미) 셋째, 성장 지표가 빠르게 올라가는 분야인가?(커머스, ESG, 헬스 테크) 마지막으로, 자신이 속한 회사나 나라가 잘한다고 알려져 있는 분야인가?

실제로 넷플릭스의 프로그래매틱 바잉팀은 당시 최고의 기술을 가져 수많은 회사로부터 인재들을 영입해 갔다. 한국이 뷰티, 엔터테인먼트 분야가 각광받는 것과 같다. 당신이 속한 조직은 어떤 분야를 잘하고 있다고 생각하는가? 그게 본인의 시장성Marketability과 연결되어 있다.

AI 분야를 예로 들어 보자. AI는 기술 변화에 따른 수요가 폭발하는 분야다. 당연히 이와 관련된 경험과 이력을 갖고 있을 때 채용 기회가 많아진다. 그러니 아직 AI와 관련한 경험이 없다면 지금부터라도 관련 기술을 배우거나 이력서에 관련 키워드를 추가할 방법을 고민해야 한다. 내가 지원하려는 분야의 산업에서는 AI가 크게 관련이 없어 보이더라도, 세상의 흐름을 크게 바꾸는 기술은 결국 모든 산업에 영향을 주게 되어 있다. 따라서 관련 지식을 숙지하거나 적어도 흐름을 파악하고 있다는 인상은 줄 수 있도록 준비해야 한다.

갤러웨이가 제시한 대로 내가 잘하는 것, 세상이 원하는 것, 내가 즐거운 것이라는 세 가지 요소가 균형 있게 접점을 이룬다면 가장 좋겠지만, 우선순위를 둔다면 내가 즐거운 것보다는 내가 잘하는 것과 세상이 원하는 것에 좀 더 무게를 두라고 말하고 싶다. 나를 잘 알아야 내게 맞는 진로를 찾을 수 있다면서 왜 세상이 원하는 것에 무게를 두라고 하는지 의아할지도 모르겠다. 하지만 처음에는 기회를 얻는 것이 무엇보다 중요하다. 직접 실행하고 시도하는 경험을 해 봐야 내가 무엇을 잘하고 좋아하는지도 알 수 있지 않겠나. 일을 하다 보면 어떤 방식으로든 일을 통해 재미와 의미를 찾게 되고, 긍정적인 자세로 일하다 보면 저절로 숙련되고 잘하는 영역이 생긴다.

갤러웨이는 자신의 저서 《부의 공식》에서 이렇게 말한다.

"당신이 해야 할 일은 잘하는 일을 찾아낸 다음, 그 일을 훌륭하게 해내는 데 필요한 수천 시간 동안 투지를 불태우고 희생을 감내하는 것이다. 목표에 도달하면 성장했다는 느낌과 함께 기술 숙련도가 높아지고 경제적 보상과 인정, 동료애가 뒤따르며 '그 일'이 무엇이든 결국 열정을 갖게 된다."

성공적인 커리어 지도는 결국 끊임없는 자기 탐색과 시도 끝에 완성된다. 그 시작점에 설 때, 좀 더 넓은 시각으로 세상을 읽기를 바란다.

Corporate Lingo "How do you say?"

소라언니가 알려 주는 회사어 배우기 1

> # 월급 올려 주세요
> You need to pay me more

1. 업무 범위가 확장된 것 같은데, 제 직책과 급여를 조정해야 할까요?

   This feels like an expanded scope. Should we adjust my role and compensation accordingly?

   ▶ 추가된 업무에 따라 보상을 조절할 필요가 있다는 것을 자연스럽게 언급합니다.

2. 현재 제 업무량과 보상이 적절하게 균형이 맞는지 다시 평가해 보면 좋겠습니다.

Let's evaluate how this fits within my workload and compensation.

▶ 업무량과 보상의 균형이 맞아야 한다는 것을 어필합니다.

3. 이번 기회에 제 급여가 적절한지 논의할 필요가 있겠습니다.
This might warrant a discussion about aligning my pay and expectations.

▶ 급여 조정을 공식적인 화두로 끌어냅니다.

나의 가치를 인정받고 싶다면?

월급을 올리는 가장 확실한 방법은 외부 오퍼를 받고 이직하는 것입니다. 그런데 만약 외부 오퍼를 받았을 때 현재 회사에서 갑자기 급여를 올려 준다고 하면 절대 받아들이지 마세요. 이건 아주 중요한 경고 신호입니다. 회사는 그동안 당신을 저평가하며 더 적은 돈을 주면서 최대한 부려 먹으려 했다는 것을 입증한 셈입니다. 설령 회사에 남는다 해도 이미 마음이 딴 데로 가 있는 사람이라고 낙인이 찍혀 "돈 더 받으면서 얼마나 잘하나 보자" 하는 부당한 평가를 받을 수도 있습니다. 당신의 가치를 제대로 인정하는 회사를 찾으세요.

쟤가 한 게 아니라 내가 한 거예요
I did all the work, not him

1. 이 프로젝트의 개발과 실행은 제가 이끌었으니 더 자세한 내용을 원하시면 공유해 드리겠습니다.

   Please feel free to reach out if you'd like additional context as I led the development and execution of this project.

   ▶ 직접적으로 자신의 공로를 표현합니다.

2. (공개적인 자리에서 그가 거의 한 게 없더라도) 박차장님, 정말 수고 많으셨어요! 감사합니다!

   Thank you so much for your hard work, Park.

   ▶ 간접적이면서 우아하게 공개적인 자리에서 상대방을 칭찬합니다.

공로를 가로채는 얌생이들, 어떻게 대처할까?

앞서 말한 '박차장'이 정말 괜찮은 사람이고 당신의 공로를 알고 있다면 감사하다는 당신의 인사에 대해 '프로젝트를 이끌어 주셔서 저도 감사합니다'라고 할 것입니다. 그리고 그는 다음번에 더 잘해야 하고 더 많은 기여를 해야 한다는 압박을 받게 될 거예요. 여기서 중요한 포인트는 당신이 리더십을 발휘하며 감정도 컨트롤할 줄 아는 사람으로 보인다는 것입니다. 당신의 본모습을 알아보는 사람이 반드시 있을 겁니다. 만약 당신의 본모습을 알아봐 주지 못하는 환경이라면, 공을 뺏기지 않도록 좀 더 머리를 굴려야 해요. 프로젝트 중간중간 본인의 이름으로 업데이트 상황을 이메일로 보낸다든지 하는 방식으로요!

회사가 얌생이들로 가득하다면?

만약 남의 공을 가로채는 사람들로 가득하고 리더가 진짜 기여도가 높은 직원을 알아보지 못한다면? 그건 당신이 이 회사를 떠나야 한다는 신호입니다. 자신의 가치를 알고 인정해 주는 환경을 찾으세요.

네가 내 아이디어를 훔쳤어
You stole my idea

1. 이건 제가 전에 제안했던 것과 비슷해 보이네요. 어떻게 다른지 설명해 주실 수 있을까요? 중복 작업을 피하고 더 효과적으로 협업하면 좋을 것 같아서요.

   This looks like what I had suggested earlier. Could you walk me through how this is different? I want to make sure that we're not duplicating efforts and collaborating more effectively.

   ▶ 상대방이 내 아이디어를 가져갔음을 지적하면서도 협업 의사를 드러냅니다.

2. 이 아이디어가 실행되는 모습을 보니 반갑네요! 제가 공유했던 제안서를 검토해 주셔서 감사합니다. 전략을 정리한 문서를 다시 공유할 테니, 다음 단계를 함께 맞춰 보면 좋겠습니다.

   Great to see this idea moving forward. Thank you for picking up the proposal I had shared earlier. Let me reshare the document outlining the strategy so we can align on the next steps.

▶ 아이디어의 원천이 나임을 강조하면서 오히려 상대에게 감사해하는 자세를 보여 줍니다.

사람들이 당신의 아이디어를 훔쳐가지 못하게 하려면?

항상 아이디어를 문서화하세요. 문서나 이메일로 기록을 남기면 나중에 증거로 활용할 수 있습니다. 만약 이미 도용당했다면 관리자나 리더에게 이를 알릴 필요가 있습니다. 이때 매우 신중한 언어로 전달해야 합니다. 도용 사실을 알리는 것이 목적이 아니라 이러한 상황을 내가 어떻게 풀어 가면 좋을지 상사에게 조언을 구하는 느낌으로 접근하는 것이죠.

"제가 A 씨에게 이 아이디어를 공유한 적이 있는데, 최근에 그 팀에서 비슷한 제안을 하더라고요. 저는 선의로 받아들이고 싶지만 제 기여가 적절하게 인정받을 수 있는 방법도 배우고 싶어요. 이런 상황을 어떻게 풀어 나가는 것이 좋을까요?"

이런 접근 방식이 효과적인 이유는 당신이 성장하고 배우려는 자세를 가진 프로페셔널한 직원으로 보이기 때문입니다. 또한 당신의 기여를 공식적으로 인정받을 기회도 만들 수 있습니다. 아이디어 도용 문제를 감정적으로 대응하지 않으면서도 전략적이고 실용적으로 해결할 수 있어요.

출근할 때 눈물 나면
업계 잘못 고른 거다

엔터테인먼트 기업 어도어 전 대표 민희진 씨의 파격적인 기자회견을 모르는 사람은 없을 것이다. 모회사가 제기한 경영권 탈취 의혹이라는 전대미문의 이슈도 화제였지만, 민희진 씨가 기자회견을 통해 해명한 내용이나 발언 형태 역시 굉장한 충격이었다.

그날의 사건에 대해서는 정말 다양한 반응들이 있었다. 업계 내부의 갈등과 압박이 수면 위로 드러난 순간, 어떤 사람은 용감한 내부 고발자라며 박수를 쳤고, 어떤 사람은 대중을 상대로 하는 발언치고 지나치게 격의 없었다며 비판했고, 어떤 사람은 그가 폭로한 엔터 업계의 실상에 경악했다.

최근 미국에서도 디디 게이트^{Diddy Gate}*와 같은 충격적인 엔터 업계 소식이 연일 보도되고 있는데, 유명인과 관련한 단순한 가십을 넘어 범죄 사건으로 이어지면서 사회적 파장이 커지고 있다. 와, 엔터 업계가 버라이어티한 건 알았지만 이 정도일 줄이야? 그런데 그 순간 내가 떠올린 것은 '과연 어떤 사람들이 엔터테인먼트 업계에서 살아남을 수 있을까?' 하는 것이었다.

만약 여러분이 엔터테인먼트 업계 취업을 희망하는 사람이라면, 그 상황을 지켜보며 '말도 많고 탈도 많은 저 환경을 내가 감당할 수 있을까?'라고 자문하지 않을 수 없을 것이다. 그러니까 우리가 여기서 얻어야 할 교훈은 간접 경험을 통해 업계 분위기와 환경을 파악하며, 나는 어떤 일을 어느 정도까지 견딜 수 있는가 평가해 보는 것이다. 이야기가 왜 그렇게 튀냐고? 지금 여러분에게 중요한 건, 세상을 크게 읽고 내가 어디에 뛰어들어야 할지 고민하는 일이니까!

---

* 미국의 유명 래퍼 겸 프로듀서 퍼프 대디^{Puff Daddy}가 90년대부터 저질러 온 성폭행, 인신매매, 마약 유통, 청부 살인 등 중범죄 혐의로 연방 수사 대상이 되며 불거진 스캔들. 2024년 미국 대중음악계에 큰 충격을 준 사건이다.

"너 T야?" 동료의 성향이 일에 미친 영향

산업과 나의 적합성은 어떻게 평가할 수 있을까? 무엇을 결정할 때는 가장 넓은 범위에서 시작해 그 폭을 점점 좁혀 나가는 것이 효율적이다. 예를 들어, 나는 진로를 정하기에 앞서 한국과 미국이라는 국가적 환경을 먼저 저울질했다.

나는 한국 기업의 위계질서, 상명하복, 연대 책임, 연장자 우대 같은 문화가 싫었다. 이런 문화가 잘 맞는 사람도 있겠지만 적어도 나는 아니었다. 엄마는 내가 어릴 때부터 큰 세상을 경험하기를 바라는 마음으로 여름방학 때마다 캐나다, 뉴질랜드, 호주로 단기어학 연수를 보내 주었다. 외국에 있는 동안에는 현지인들의 집에서 홈스테이를 했는데, 그때 부부가 집안일을 동등하게 하는 모습을 보고 문화 충격을 받았다. 아내가 전업주부라도 엄마가 밥을 했다면 아빠가 치우고, 아빠도 종종 요리를 하며 집안일을 돕는 모습을 처음 목격한 것이다. 가부장적인 집에서 살아온 내 눈에 그건 정말 놀라운 광경이었다. 그때, 이런 풍경이 당연한 곳에서 살고 싶다는 생각이 들었다. 국가 단위의 환경 적합성을 따져 본 셈이다.

그다음으로는 업계, 회사, 팀 단위로 따져 보기 시작했다. 나는 광고업계에서 첫 커리어를 시작했다. 일하면서 가장 힘들었던 점은 사람들이 지나치게 '감성적'이라는 것이었다.

"피드백을 너무 솔직하게 해서 열심히 일한 사람들이 상처 받는 경우가 있어요."

인사 평가에서 이런 피드백을 받은 날, 나는 고민이 많아졌다. 사람들은 내가 너무 직설적이어서 상처를 받는다는 것인데, 대문자 T 성향(사고형)의 인간인 나로서는 도무지 이해할 수가 없었다.

'광고에 대한 의견을 달라기에 내 의견을 솔직하게 말했을 뿐인데 왜 상처를 받지? 광고는 우리가 보기 좋으라고 만드는 게 아니라 소비자들에게 메시지를 전달하려고 만드는 건데, 소비자 정보를 보면 이런 전략은 비효율적인 게 보이지 않나? 이 광고 캠페인이 성공하길 바라는 마음은 다 같은 게 아닌가? 혹시 그걸 개인에 대한 공격이나 비난으로 받아들인 걸까? 왜?'

하지만 그 역시 받아들이기로 했다(나는 인사 평가 피드백에 상처받지 않았다!). 이 업계에 종사하는 동료들이 나와 정반대인 F 성향(감정형)을 가지고 있다면, 내가 거기서 살아남기 위해 화법에 신경을 쓰는 것이 맞다. 물론 쉬운 일은 아니었다. 평소보다 상대의 기분과 감정을 더 많이 고려하여 언어를 고른다는 건 나의 성격상 무척 힘든 일이었다.

이후 메타에서 테크와 기술을 다루는 엔지니어들과 가깝게 일하는 프로덕트 마케팅팀으로 이직하면서 나는 훨씬 편안해졌다. 개발자들과의 의사소통은 훨씬 수월했다. 공학도 출신 특유의 이과적 사고방식을 가진 개발자들은 직설적이고 솔직한 내 화법을 무척 좋아했다. 한 엔지니어링 디렉터는 "그래! 그렇게 시원하게 말해 줘. 그러라고 당신이 우리 미팅에 있는 거지. 고마워요!"라는 메시지를 보내기도 했다. 너무 신이 났다. 더 이상 말투나 화법에 에너지를 소모하지 않게 되니 일의 효율도 덩달아 올라갔다.

각자에게 맞는 자리가 있다

광고팀에서 프로덕트 마케팅팀으로 이동하면서 나는 완전히 다른 경험을 하게 됐다. 테크 회사에서 가장 비싼 인력은 엔지니어다. 따라서 모든 부서가 엔지니어의 시간을 어떻게 효율적으로 활용할 수 있을지 고민한다. 그런 점에서 엔지니어와 소통을 잘한다는 것은 중요한 업무 스킬이었다. 그들에게 정확한 정보와 방향성을 제시해야만 시간을 절약할 수 있기 때문이다. 그런 의미에서도 그들의 직설적인 소통 방식과 내 성격은 잘 맞았고 이런 점은 이동한 팀에서 나의 큰 장점으로 삭용했다.

앞서 인용한 스콧 갤러웨이는 《부의 공식》에서 "특정 성격 유형이 모여 조직 환경이 형성된다는 점에서 조직도 하나의 문화라는 사실을 명심해야 한다"고 강조한다. 그러면서 "당신에게서 최고를 이끌어 내는 사람이 누군지 생각해 보라"고 권한다.

내가 F 성향을 가진 사람들로 가득한 광고업계에서 계속 일했다면, 어쩌면 얼마 못 가 나가떨어졌을지도 모른다. 자연스럽지 않은 것은 지속성과 일관성을 잃기 마련이다. 자유롭게 자신의 역량을 마음껏 펼칠 수 있으려면 구성원들의 성향이 나와 잘 맞는지 파악하는 일이 무척 중요하다. 섬세하고 감성적인 사람이 거칠고 정신없는 건설 현장에서 일해야 한다면? 소심하고 예민한 사람이 시끄러운 엔터 업계에서 일해야 한다면? 진취적이고 도전적인 사람이 공무원으로 일한다면? 아마 일하는 동안 상당히 힘든 시간을 보내야 할 것이다.

투자가이자 기업가인 레이 달리오^{Ray Dalio}는 그의 저서 《원칙 Principles》에서 이렇게 말한다.

"당신의 농구 팀에 아인슈타인을 포함시키고 싶은가? 아인슈타인이 골을 넣지 못한다고 그를 나쁘게 평가할 것인가? 아인슈타인은 창피함을 느껴야 할까? 아인슈타인이 무능했던 분야를 생각해 보라."

모두가 모든 일을 잘할 수는 없다. 다만 나와 잘 맞는 일과 환경은 분명히 존재한다. 팀을 운영하는 리더라면 팀에 맞는 사람을 찾아야 한다. 팀원이라면 이 팀에 기여할 수 있는 자신만의 역량을 찾아야 한다. 누구나 처음부터 완벽하게 나와 잘 맞는 업계, 회사, 직군을 찾는 것은 아니다. 분명 시행착오를 겪으며 다음에는 어떤 선택을 할지 고민하는 기로에 서게 될 것이다. 어떻게든 견디며 환경에 적응할지, 내가 더 편안함을 느끼는 업계나 회사로 옮겨 갈지, 어느 쪽이든 정답은 없다. 당신의 선택에 달렸다.

피드백을 줄 때 좀 더 부드럽게 말해야 한다는 것은 내게 새로운 배움이었다. 실제로 그 시절의 나에 비하면 지금은 꽤나 우회적으로 말하는 편이다. 그런 배움 역시 내게는 의미 있는 성장의 요소다. 갈등 경험으로 새로운 나의 장점을 만들어 낼 수 있다면 이 역시 가치 있다. 다만, 매일 아침 출근하는 것이 두려움으로 다가올 정도라면, 매 순간 자신을 완전히 다른 사람인 척 포장해야 한다면 그건 단순한 적응이 아니라 자기 부정에 가깝다. 그런 경우에는 더 적절한 환경을 찾아 나서는 것이 맞다.

내가 하려는 업의
본질을 파악하라

넷플릭스에 다니면서 심심했을 때가 있다. '아니, 넷플릭스에 다니는데 심심하다고?' 그렇다, 심심했다. 넷플릭스가 아니라도 한 직장에서 오래 일하다 보면 누구라도 일이 지루하게 느껴지는 순간이 온다. 당시 나는 똑같은 일을 반복하고 있으며 일이 너무 쉽다는 생각에 조금씩 흥미를 잃어 가고 있었다. 그런데 마침 넷플릭스가 아시아에 론칭하게 된 것이다. 북미 담당이었던 나는 아시아 마케팅을 담당하고 싶다고 손을 번쩍 들었다. 싱가포르로 가게 될지도 모르는 상황에서 아시아 부사장과 이야기를 나누는데, 문득 내가 아시아를 담당하는 게 맞을지 고민이 됐다.

아시아는 아무래도 미국보다 남녀차별이 심하니까 뭔가 대비를 해야 했다. 나는 여자고, 여자면서 드센 캐릭터라서 그들에게 어떻게 받아들여질지 너무 빤히 보였기 때문이다. '그렇다면 비즈니스 스쿨에 가서 MBA를 따야겠군. 아시아는 학벌을 중시하니까 MBA가 있으면 나를 쉽게 무시하지 못하겠지.' 생각은 그렇게 이어졌다.

아이러니하게도 비즈니스 스쿨에 다니면서 가끔 나는 마케팅과 안 맞는다는 생각을 했다. 나는 역시 직설적이고 솔직한 소통을 선호하는 테크 업계의 개발자들과 합이 맞았다. 비즈니스 스쿨 안에도 다양한 그룹의 동료들이 있었지만, 결과물이 별로인 걸 별로라고 말하지 못하는 기묘한 분위기는 어딘가 나를 불편하게 만들었다(내가 별로인 걸 별로라고 말하지 않으면 소비자가 할 텐데!). 그럼에도 불구하고 나는 마케팅이 가진 본질에 매력을 느껴 이 일을 그만둘 수 없었다.

마케터, 건너고 싶은 다리를 놓는 사람들

마케팅은 사람과 사람을 연결하는 일이다. 마케터는 제품을 만드는 사람에게 소비자의 욕구와 필요를 전달하여 제품과 고객의 접점을 찾는 역할을 한다. 제품 개발자와 제품 소비자, 각각의 입장에 놓인 '사람'들과의 간격을 좁히는 일인 것이다. 나는 그 간격을 좁혀 가치를 창출한다는 점이 좋았다.

마케터는 소비자의 니즈Needs를 정확히 파악하고 소비자가 구매를 망설이게 하는 제약 사항Constraints(시간, 돈, 정보, 심리적 저항 등)을 줄일 방법을 찾는다. '사고 싶다'는 마음과 '사지 못하는' 제약 사이에 놓인 장애물을 걷어 내기 위해 창의적인 아이디어를 고민한다. 이 과정에서 마케터는 개발자와 소비자의 언어를 이해해야 한다. 유저 리서치를 통해 고객의 니즈를 파악하고 제품 개발 과정에서 고객의 관점을 대변하는 연결자 역할은 단순한 세일즈를 넘어 의미 있는 가치를 창출하는 일이다.

그래서 이 일을 하면 할수록, 마케터에게 필요한 자질은 호기심과 공감 능력이라는 생각이 든다. 자신이 담당하는 제품과 고객에 대한 관심과 열정 없이는 이 일을 오래 하기 어렵다. 잠재 고객들의 니즈가 내 취향과 어긋나더라도 마케터는 그 니즈에 공감하고 데이터화해서 개발자에게 제대로 설명할 수 있어야 한다. 결국 돌고 돌아 마케터에게 꼭 필요한 자질은 '공감 능력'인 것이다.

내가 또 중요하게 생각하는 자질은 바로 미적 감각이다. 마케터는 좋은 것을 알아보는 눈이 있어야 한다. 좋은 것을 알아보는 감각은 누가 가르쳐서 키울 수 있는 게 아니다. 스스로 트렌드를 공부하고 적극적으로 소비자의 입장이 되어 보고, 경쟁사 제품은 물론 다른 분야의 제품과 브랜드까지 보고, 듣고, 느끼면서 심미안을 키운다. 이렇게 센스를 발달시키는 것 말고는 방법이 없다. 마케터가 먼저 좋은 것을 볼 줄 알아야 무엇이 잠재 고객들의 마음을 사로잡을 수 있을지 판단할 수 있다.

그래서 나는 마케터를 고용할 때 지금까지 작업했던 포트폴리오나 프레젠테이션 자료를 이력서와 함께 보내달라고 요청한다. 이런 문서를 보면 지원자의 미감을 어느 정도 미루어 짐작할 수 있다. 문서 기호를 통일하지 않는다든지, 프레젠테이션 자료의 디자인이 엉망이라든지, 배색이 전혀 조화롭지 않다면 이 지원자의 미감을 의심할 수밖에 없다(아니 이 난장판이 안 보인단 말인가!). 이력서와 포트폴리오는 첫인상을 결정짓는 얼굴과도 같은데, 그런 기본적인 감각조차 없다면 어떻게 일을 맡기겠나?

당신이 뛰어들고 싶은 분야가 있다면 그 세계에 대한 자신만의 정의를 정리해 보자. 그런 뒤 앞으로 어떤 자질을 키워야 할지 스스로를 분석해 보면 도움이 될 것이다.

플랜 B는
회사 안에도 있다

죽을힘을 다해 노력해서 입사한 회사가, 거기서 맡은 나의 일이, 내 적성과 찰떡같이 잘 맞는다면, 그리고 사람들까지 잘 맞는다면? 진심으로 축하한다. 당신은 정말 복 받은 사람이다(물론 이 또한 영원하지 않을 테니 감사하고 커리어의 최대치를 끌어내라). 그러나 불행히도 기대했던 것과는 다른 일들에 실망하고, 자신의 적성과 맞지 않음을 깨닫고, 관계 맺기에도 실패한 것 같다면? 이제 어떻게 해야 할까?

최근 한국에서 신입사원의 퇴사 비율이 크게 오르고 있다는 소식을 접했다. 취업 플랫폼에서 2, 30대 직장인을 대상으로 조사한 결과, 입사 1년 차가 37.5%, 2년 차가 27%로 신입사원 가운데 절반이 2년 이내에 퇴사를 결정한다고 한다. '평생직장' 개념이 사라지면서 퇴사와 이직에 대한 생각 역시 유연해진 경향도 있을 것이다. 실제로 실리콘밸리에서는 한 회사에 3년 이상 머무는 사람을 보고 "돈을 테이블에 놓고 나온다(Leaving money on the table)"고 말한다. 더 큰 연봉, 더 좋은 타이틀, 더 매력적인 스톡옵션이 '다음 회사'에 있다고 믿는 문화에서 정체는 곧 손해로 여겨지기 때문이다.

새 회사 신입이 될까, 현 회사 베테랑이 될까

    나와 맞지 않을 때 지체 없이 다른 길을 찾아가는 청년 세대를 나무랄 수는 없을 것이다. 인생에서 가장 빛나고 왕성한 시간을 원치 않는 업무로 허비하고 싶지 않은 마음도 십분 이해한다. 다만, 나는 조금 다른 방향의 대안을 제안하고 싶다.

    조직 안에 하나의 직무만 존재하는 회사는 없다. 내게 주어진 직무가 나랑 잘 맞지 않다고 당장 이직 준비부터 하지 말자. 회사 자체에 치명적이고 구조적인 결함이 있는 게 아니라면, 어쩌면 답은 회사 안에서 찾을 수 있을지도 모른다.

    A 씨는 마케팅 업무로 커리어를 시작했지만 제품 개발 업무로 이직하고 싶어 한다. 지난 3년간의 마케팅 실무 경험을 모두 묻고 새로운 회사의 제품 개발팀 신입사원으로 취업하기 위해 처음부터 다시 시작하는 것이 과연 최선일까? 생각

해 보면 제품 개발팀은 A 씨의 회사에도 있다. 심지어 A 씨는 제품 개발팀과 지속적으로 소통하고 협업하며 합을 맞춰 왔다. 그렇다면 이직보다는 사내 보직 변경을 준비하는 게 더 낫지 않을까? 다른 회사의 제품 개발팀이 해당 직무 경험이 전혀 없는 A 씨를 채용하려고 할까? 지금처럼 정리 해고가 많은 시대에, 이미 제품 개발 경력이 탄탄한 지원자들도 많을 텐데?

회사 내 팀 이동은 생각보다 유리한 점이 많다. 이동하려는 팀의 업무를 대략적으로 파악하기가 쉽고, 해당 팀과 협업해 본 적이 있다면 서로를 이해하는 데에 유리하다. A 씨가 제품 개발팀으로 이동하고 싶은 마음이 있다면 협업 과정에서 그 팀의 업무에 좀 더 깊이 개입하는 방향으로 프로젝트를 이끌어 볼 수도 있고, 순수한 선의로 해당 팀의 업무를 도와주며 눈도장을 찍을 수도 있다.

평판이 스펙이다

물론 이러한 활동이 긍정적으로 작용하기 위해서 A 씨는 일을 잘해야 한다. 자신의 주 업무를 잘해서 자기 팀의 상급자에게 좋은 인상을 남기는 것도 중요하다. 같은 직급의 매니저끼리 "A 씨 어때?" 하고 물었을 때 "그 친구 일에 체계도 없고 커뮤니케이션 능력도 별로야"라는 평가가 공유된다면, 같은 회사에서의 보직 변경은 물 건너간 셈이다. 반대로 다른 팀 상사가 보기에도 탐나는 인재라면, 회사 여건이 허락하는 한 어떻게든 자신의 팀으로 데려오고 싶을 것이다. 그러니 A 씨는 이직 준비를 한다고 마음이 떠서 현업에 소홀해질 필요도 없다. 내가 지금 일하는 것 자체가 고스란히 나에 대한 평판과 평가로 이어질 것이기 때문이다.

또한 나와 협업하는 팀과 적극적으로 교류해야 한다. 업무를 하면서 자연스럽게 '나는 이 팀의 일을 궁금해한다'는 인상을 심어 주고, 시간이 되면 해당 팀의 프로젝트를 도와주는 것도 좋다.

"제가 이 업무에 관심이 있는데요. 할 일을 마친 후에 도와드릴 수 있는 일이 있을까요?"

다른 팀과 협업할 기회가 생기지 않는다면 자신이 가진 관심을 표시하고 이런 질문을 던져 보는 것만으로도 좋은 인상을 남길 수 있다. 그 팀의 리더가 이런 자세를 긍정적으로 평가한다면 향후 팀 이동이 필요할 때 적극적으로 영입하고자 할 것이다.

요청하기 전에 먼저 보여 줘라

단순히 '이 팀으로 옮기고 싶어요'라는 요청만으로는 부족하다. 그 팀에서 필요로 하는 사람이 되어야 조직 안에서도 기회를 찾을 수 있다. 자신의 능력을 증명하는 방법은 여러 가지가 있지만 핵심은 '주도적인 자세'다.

누가 봐도 일 잘하는 사람으로 평가받으려면 관심 분야 혹은 이직하고자 하는 분야와 관련이 있는 프로젝트를 스스로 기획해 보는 것이 좋다. 예를 들어 내가 DEI^{Diversity, Equity, Inclusion}*에 관심이 있다면 DEI 관련 마케팅 캠페인을 기획해 봐도 좋다. 인사팀과 협업해 사내 교육 프로그램을 기획해 볼 수도 있다. 그 과정에서 자연스럽게 새로운 분야의 팀과 협업할 기회가 생기고, 프로젝트를 발전시킬 수 있는 내 역량을 보여 줄 수도 있다.

실제로 메타의 비서팀에서 일하며 인사 담당 프로젝트를 관리하던 내 동료의 사례가 있다. 사회적으로 'Black Lives

---

* 다양성^{Diversity}, 형평성^{Equity}, 포용성^{Inclusion}을 뜻하는 DEI는 모든 사람의 공정한 대우와 완전한 참여를 촉진하는 개념적인 틀이다. 특히 직장 내에서 역사적으로 소외되었거나 배경, 정체성, 장애 등의 이유로 차별을 받아 온 집단을 포함하여 모든 구성원이 존중받고 참여할 수 있도록 한다.

Matter(흑인의 생명도 중요하다) 운동', 'Stop Asian Hate(아시안 혐오를 멈춰라) 운동'이 일어나면서 회사 내 DEI 관련 프로그램이 다양하게 만들어졌다. 평소 DEI에 깊은 관심이 있던 그 친구는 해당 프로그램에 자원했고, 그 일을 매우 잘 해냈다. 결국 DEI 프로그램 매니저라는, 기존에는 없던 새로운 직책까지 만들어져 그의 차지가 됐다. 그는 이후 엔터테인먼트 회사 라이언스게이트 Lionsgate의 포용성 마케팅 전략 부사장 VP of Inclusive Marketing이라는 엄청난 타이틀로 이직할 수 있었다. 본인의 재능과 흥미, 평판, 그리고 사회적 변화를 아주 효과적으로 활용해 커리어를 확장한 케이스다.

현재 위치에서 가까운 기회를 찾아라

어딘가 어긋난다고 해서 반드시 그걸 버리고 새로 시작할 필요는 없다. 설령 인사이동에 인색한 회사라 보직 변경에 실패한다 해도, 그 과정에서 자신이 하고 싶은 일이 무엇인지, 무엇을 잘할 수 있는지 좀 더 확실하게 파악하게 됐을 것이다. 그렇게 준비된 상태에서 이직을 준비한다면 당연히 더 좋은 결과를 얻게 되지 않을까. 어디서든 좋은 평판을 쌓고 적극적으로 기회를 만들며 나에게 맞는 길을 찾아가는 과정은 성공적인 커리어를 만드는 가장 현실적인 방법이다. 그러니 지금 있는 곳에서부터 한 걸음씩 시작해 보자.

사내 이동의 핵심은 관심 분야에 대한 열정과 행동력이다. 회사 입장에서도 이미 조직 문화에 적응하고 신뢰를 쌓은 직원이 새로운 분야에서 성장하는 모습을 보는 것은 긍정적인 경험이다. 사내 이동을 성공적으로 이루기 위해서는 우선 그 일에 필요한 역량을 파악한 뒤 체계적으로 준비해야 한다. 또한 면담을 통해 상사에게 자신의 희망사항을 분명하게 전달하는 것이 좋다. "저는 앞으로 이런 방향으로 성장하고 싶습니다"라는 의사 표현을 하고 그것이 현재 이 팀에 어떤 도움이 될 수 있을지 설명할 수 있어야 한다.

사내 네트워킹을 적극적으로 활용하는 것은 기본이다. 관심 있는 부서의 사람들과 점심 식사를 하고 다양한 사내 행사에 참여하며 자연스럽게 관계를 형성하는 것이 좋다. 비록 비공식적인 만남일지라도 해당 부서의 문화와 업무 방식을 이해할 수 있는 기회다.

회사 내 이동이든, 외부로의 이직이든, 가장 중요한 것은 자신이 어떤 방향으로 성장하고 싶은지에 대한 명확한 비전이다. 그 비전을 향해 지속적으로 노력하고 준비한다면 적절한 시기에 적절한 기회가 찾아올 것이다.

플랜 B는 멀리 있지 않다. 바로 지금 당신이 속한 회사, 당신이 일하고 있는 그 공간에 있을 수 있다. 현재 위치에서 할 수 있는 모든 노력을 다하고, 주도적으로 기회를 만들어 가며, 끊임없이 자신을 발전시켜 나간다면, 당신의 커리어는 더욱 의미 있게 발전할 것이다.

머슴 같은 주니어,
언젠간 대감집으로 간다

아침부터 저녁까지 허드렛일을 마다하지 않던 머슴처럼, 오늘날의 주니어들도 작은 일부터 받으며 회사 생활을 시작한다. 하지만 주니어 시절은 영원하지 않다. 오늘 어떤 태도로 일하느냐가 내일의 나를 결정하는 법이다. 경험이 일천한 신입이 조직에서 자기 커리어를 쌓고 역량을 쌓는 가장 좋은 방법은 무엇일까? 뭔가 대단한 비법이 있을 것 같다고 생각했다면 미안하다. 안타깝게도 지름길은 없다. 그리고 조금은 꼰대 같은 이야기를 해야 할지도 모르겠다.

경험이 없으면 경험을 쌓아야 하고, 경험을 쌓으려면 뭐든 가리지 않고 해 봐야 한다. 실패하고 성공하고 넘어지고 부딪쳐야만 내가 잘하는 것과 부족한 것을 알 수 있다. 그걸 알면

절반은 왔다. 그러니 만약 당신이 '주니어' 직급에 놓여 있다면 물불 가리지 않고 어떤 일이든 뛰어들 것을 권한다.

평가받는 것이 신입사원의 숙명

처음 회사에 입사하고 적어도 1~3년 정도는 늘 누군가로부터 평가받는 위치에 놓이게 된다. 매 순간이 '네가 누군지 증명해 봐'의 도전 속에 있다고 해도 과언이 아니다. 물론 직급이 올라간다고 해서 평가의 시선으로부터 자유로워지는 것은 아니다. 다만 연차가 어느 정도 차면 이미 손발을 맞춰 본 경험이 있기에 일을 더 잘 해낼 거라는 평가를 받는다는 점에서 차이가 있다.

당신의 상사와 선배는 늘 당신을 파악하려 애쓴다. 언제나 여러분을 평가하고 있다는 뜻이다. 당신이 어떤 사람인지 알아야 어떤 일을 맡길지, 어떤 기회를 줄지 결정할 수 있기 때문이다. 그래서 나는 첫 직장에서 늘 1등으로 출근하는 사람이 되고자 했다. 나보다 먼저 와 이른 아침 커피를 마시며 업무에 집중하고 있는 사람은 기억에 오래 남기 마련이다. 반면 나보다 늦게 퇴근한 사람들은 기억에 남지 않는다(그러니 차라리 남들보다 일찍 출근해서 일찍 퇴근하기를 권한다).

만약 당신이 '주어진 일은 무엇이든 잘 해내는 사람'으로 인정받는다면 지금보다 더 많은 길이 열릴 것이다. 여기에 더해 '무엇이든 적극적으로 임하는 사람'이라고 평가받는다면 누구든 당신과 일하고 싶어 할 것이다. 주어진 업무 외에도 하고 싶은 일이 무엇인지 적극적으로 어필한다면, 당신은 정말 환영받는 사원이 될 것이다. 조직 내에서의 입지와 가치는 그렇게 만들어진다.

그렇다고 단순히 상사에게 '잘 보이는 일'로 점수를 따려고 하지 말자. 그런 의도는 금방 드러나고 오히려 역효과를 낳는다. 상사에게 중요한 평가 기준이란, 당신이 '상사가 본인의 일을 더 쉽게 하도록 도와주는 사람인가'에 있다. 회사는 주니어 직급에게 아주 대단한 능력을 기대하지 않는다. 다만 배우려는 자세를 갖춘, 함께 일하기 좋은 동료가 되긴 바랄 뿐이다.

"저는 프레젠테이션이 적성에 잘 맞는 것 같아요. 발표할 일이 있을 때 저를 찾아 주세요."

"저는 프레젠테이션을 잘하고 싶은데 아직 부족한 것 같아요. 캐주얼한 미팅에서 발표할 일이 있을 때 기회를 주시면 감사하겠습니다. 아낌없는 피드백도 부탁드려요."

"저는 데이터 처리에 대해 관심이 많아요. 좀 더 배우고 싶습니다. 관련 프로젝트가 있을 때 합류하고 싶어요."

지금 하는 일과 직접적인 관련이 없더라도 여러분이 이런 일들에 관심이 있다는 사실을 넌지시 이야기해 보자. 상사가 다음 프로젝트에서 그 업무에 적합한 팀원으로 '당신'을 바로 떠올릴 수 있다면 충분하다. 자신의 업무를 더 쉽게 만들어 주는 사람을 마다할 상사가 어디 있겠나.

신입 때 가진 태도가 평생 간다

종종 대학의 학점을 이수하듯이 회사 생활을 하려는 사람들이 있다. '이 과목은 학점 따기 쉬우니까 들어야지', '이건 전공 필수니까 어쩔 수 없이 들어야겠네' 하는 식으로. 하지만 회사는 학교가 아니다. 정해진 커리큘럼도, 명확한 평가 지표도, 졸업이라는 확실한 탈출구도 없다. 특히 테크 분야는 변화 속도가 엄청난 곳이다. 내가 대학생 때 비트코인이나 블록체인이라는 개념이 우리 생활에 이렇게 큰 영향을 미칠지 알았겠나. 5~10년 전만 해도 머신러닝이나 AI가 우리의 일상에 이토록 깊이 침투할지 많은 사람이 몰랐다.

여러분이 이제 막 회사에 입사한 20대라면, 지나치게 계산적인 마음은 조금 내려 두라고 권하고 싶다. 아직 경험해 보지도 않은 세계에서 무엇이 내게 득이 되고 실이 될지 가늠하고 따지는 것은 계산해 보지 않아도 이미 손해다. 이건 나랑 안 맞으니까, 이건 내게 도움이 안 되니까, 이건 당장 업무 평가에 득이 안 되니까, 이런 식으로 재고 고르는 태도는 시작하는 사람이 가장 경계해야 할 태도다.

처음으로 회사에서 어떤 역할을 부여받고 일하다 보면 잘해내야 한다는 부담감이 클 것이다. 그러나 '주니어가 일을 잘한다'는 것의 의미는 대단한 게 아니다. 열정적으로 경험하고, 시도하고, 배우고, 앞으로 나아가는 자세 그 자체가 업무 능력이라 해도 과언이 아니다. 여러분이 사회생활을 시작한 지 얼마 안 되었다면 이 이야기를 꼭 해 주고 싶다. <u>세상에 무의미한 경험은 없고, 시작하는 사람에게 열정만큼 연비 좋은 동력은 없다는 것을.</u>

주니어 시절을 어떻게 보냈느냐에 따라 그 사람의 미래가 달라진다. 쉬운 일만 골라 하던 사람은 어려운 상황에서 무기력해지고, 책임을 회피하던 사람은 리더가 되어서도 결정을 내리지 못하며, 계산기만 두드리던 사람은 언젠가 인간관계에서 실수를 범할 것이다. 반대로 모든 일에 최선을 다하고 모든 일을 배움의 기회로 삼은 사람은 어느 순간 주변 사람들이 조언을 구하고 신뢰하는 위치에 서게 된다.

작은 기회도 놓치지 않아야 한다. 그리고 모든 경험에서 배움을 찾길 바란다. 매일 조금씩 성장하며 한 걸음씩 나아가다 보면 어느 순간 여러분은 대감집의 주인이 되어 있을 것이다. 여기서 대감집이란 회사의 규모만을 나타낸 말은 아니다. 자기 분야에서 진정한 전문가, 뛰어난 리더가 되어 성장하는 일 그 자체를 의미한다. 주니어라는 자리는 그 여정의 시작이 될 것이다.

면접 보기 전,
7가지만 명심하라

1. 면접관은 당신의 적이 아니다

　면접에 응할 때 흔히 하는 오해가 '면접관은 내가 실수하기를 기다리고 있다'는 것이다. 그러니까 면접관은 면접 내내 내가 실수할 때를 기다려 그것을 체크하고 점수를 깎기 위해 눈을 부릅뜬 사람이라는, 뭐 그런 과장된 두려움을 갖는 경우가 있다.

　물론 면접관은 당신을 평가한다. 그러나 그 평가는 함께 일하기에 적합한 사람인지를 판단하기 위함이지 당신의 약점을 찾기 위해 혈안이 된 것은 아니다. 오히려 면접관은 당신이 잘하길 바란다. 사람을 뽑는다는 것은 그만큼 일손이 필요하고 바쁘다는 뜻이다. 그들은 하루 빨리 적합한 사람을 뽑아 함께 일하기를 원하며, 당신이 바로 적임자이기를 간절히 바랄 것이다. 그러니 면접관 앞에서 지나치게 긴장하거나 경계할 필요가 없다.

2. 기다려 달라고 말해라

면접 중 간단하게 답변할 수 없는 질문을 받았다면 곧장 답하지 않아도 된다. 당장 답해야 한다는 압박감에 중언부언하는 것보다 생각을 정리할 시간을 갖고 천천히 답하는 게 낫다. "잠깐 시간을 좀 주시겠어요?"라고 양해를 구하면 오히려 면접관도 만가워할 것이다. 그들도 면접에 대해 기록해야 하기 때문에 보통 면접 중 일지를 작성하는데, 지원자가 생각할 시간을 갖고 정리하는 동안 면접관도 면접 기록을 차분하게 작성할 수 있으니 서로에게 득이 된다.

3. STAR 프레임워크를 활용하라

그렇다면 어떻게 생각을 정리할 수 있을까? 가장 좋은 방법은 STAR 프레임워크를 활용하는 것이다. 이것은 Situation(상황), Task(과제), Action(행동), Result(결과)의 약자로, 자신의 기술과 경험을 효과적으로 답하기 위해 구조화된 응답 방식이다. 예를 한번 들어 보겠다. 면접관이 팀 내 갈등 상황을 해결한 경험을 질문한 경우다.

질문: 의견이 충돌했거나 갈등이 있었던 경험이 있나요? 무슨 일이 있었고 어떻게 대처했는지, 또 그 결과는 어땠는지 말해 줄 수 있나요?

상황: 이전 회사에서 프로젝트 마감 일주일을 남겨 두고 디자이너와 마케터 간에 의견 충돌이 발생해서 프로젝트가 중단된 적이 있습니다.

과제: 저는 프로젝트 매니저로서 팀의 갈등을 조율하고, 마감 기한 내에 결과물을 완성해야 하는 책임이 있었습니다.

행동: 우선 각자의 입장을 들어 본 뒤 갈등의 핵심이 '타깃 고객에 대한 이해 차이'라는 것을 파악했습니다. 그래서 전체 회의를 열어 타깃 데이터를 다시 공유하고 그에 맞는 방향을 함께 도출하며 디자이너와 마케터가 각각 제안한 시안을 통합한 A/B 테스트를 진행했습니다.

결과: 덕분에 프로젝트는 기한 내에 완료되었고, 테스트 결과 고객 반응이 가장 좋았던 시안이 채택되었습니다. 갈등을 기회로 바꿔 팀워크 또한 강화되는 결과를 얻었습니다.

4. 성과는 직관적인 수치로 말해라

"이를 통해 프로그램 성공률을 3.1%에서 5.9%로 향상시켰습니다."

"이를 통해 프로그램 성공률을 두 배로 향상시켰습니다."

자신의 성과를 이야기할 때는 면접관이 즉시 이해할 수 있도록 직관적인 수치를 사용해야 한다. 프로그램 성공률 3.1%가 어떤 의미이고 5.9%가 어느 정도의 성취인지 면접관은 정확히 알 수 없다. 같은 업계나 직무에 지원한 게 아니라면 더더욱 그렇다. 그러니 "업계 최초로 이런 일을 해냈습니다", "업계 3위에서 1위가 되었습니다", "매출이 200% 증가했습니다" 같은 직관적인 형태로 답하는 연습을 해야 한다.

예를 들어 당신이 동종업계로 이직하는 상황이고, 자신이 성과를 냈던 마케팅 캠페인을 설명해야 한다면 "팀의 기준 지표인 n%의 구매 전환율을 두 배로 이끌었으며 이는 그해 최고의 CPA*를 자랑하는 캠페인으로 기록되었습니다"라며 업계에서 통용되는 용어를 활용해도 좋다. 상대방이 직관적으로 이해할 수 있을 때 비로소 강렬한 인상을 줄 수 있다.

---

* Cost Per Action, 행동 기반 과금. 광고를 본 사용자가 특정 행동(회원가입, 앱 설치, 구매 등)을 완료한 수를 감안하여 마케팅 캠페인의 성공도를 계산하는 방식.

5. 주어는 '우리'보다 '나'로 할 것

 회사에서의 업무는 혼자만 잘한다고 되는 게 아니라는 걸 면접관도 알고 있다. 그래도 성과나 경험을 이야기할 때는 '우리'나 '저희 팀'보다 '나'를 주어로 쓰는 게 좋다. 나를 어필할 때는 지나치게 겸손하거나 축소할 필요가 없다. 이 부분은 겸손이 미덕이라고 배운 우리 동양인들이, 그리고 여성들이 많이 실수하는 부분이다.

 당신이 리드했는데 왜 "우리가 이끌었습니다"라고 설명하는가? 당당하게 말하라. 자기 자랑 같아서 부담스러운가? 어떤 프로젝트에 그저 참여만 했을 뿐인 평범한 백인 남자가 자신의 업적을 자랑스럽게 과시해서, 같은 면접을 보고도 당신은 떨어지고 그가 합격하는 상상을 해 보라. 치가 떨리지 않은가?

 자기 밥그릇은 자기가 챙겨야 한다. 뭉뚱그려서 이야기할 필요도 없다. 가령 어떤 성과를 이야기할 때 "우리가 이렇게 했다"가 아니라 "매니저가 이렇게 하자고 제안하자 내가 저렇게 실행하고 진행해서 이런저런 성과를 냈다"라고 진행과 성과의 주체가 정확히 누구인지 짚어서 구체적으로 이야기하자.

6. 면접은 평소에 준비하는 것이다

이미 지나간 일을 거짓으로 지어내서 성과를 부풀릴 수는 없다. 그러니 평소에 자기 커리어 관리를 면밀하게 해 둘 필요가 있다. 일을 하다 보면 '아, 이거 면접 때 이야기하면 쩔겠다(!)' 싶은 사건들이 생긴다. 내세우기 좋은 프로젝트를 했을 때는 그 내용을 상세히 정리해서 이력서나 링크드인에 업데이트해 두자. 나중에 면접 기회가 생겼을 때 정리하려면 늦다. 중요한 기억은 희석되기 마련이다. 당장 내일 면접이 잡혀도 자신의 커리어를 정리해서 말할 수 있도록 리얼 타임으로 기록하는 습관을 기르자.

리더들에게 좋은 피드백을 받은 이메일도 개인 이메일로 포워딩해 두면 좋다. 나는 이런 메일들을 모아 '칭찬 박스'라는 메일 보관함을 만들어 정리해 놓는다. 정말 대단한 프레젠테이션을 했다고 생각되는 자료 역시 자신의 이메일로 보낸 뒤 자료를 정리해 두는 게 좋다. 나중에 한 번에 모아서 정리하겠다고? 너무 바쁘고 정신없이 살다 보면 본인이 한 일도 까먹기 십상이다. 이런 습관은 인사 고과 평가를 준비하거나 매니저에게 승진을 요구할 때도 좋은 근거가 된다. 기억하라. 면접 준비는 일상적으로 하는 것이다.

7. 면접은 연습이 전부다

면접에서 받는 질문은 대부분 정해져 있다. 대단히 창의적인 질문을 해야만 지원자의 자질과 성향을 파악할 수 있는 것이 아니라는 걸, 노련한 면접관이라면 알고 있을 것이다. 그 말인즉, 면접은 사전에 충분히 연습할 수 있다는 말이다. 특히 면접 경험이 없는 사회초년생도 구글링을 조금만 성의 있게 해 보면 예상 질문 정도는 쉽게 파악할 수 있다.

예상 질문을 뽑았다면 챗지피티ChatGPT 같은 인공지능을 활용해 실전 연습을 해 보자. 내가 지원하는 회사와 직무의 책임, 역할, 요구 역량, 근무 조건, 특징, 업무 내용 등을 작성한 프롬프트Prompt를 입력하고 면접 상황을 시뮬레이션한다. 프롬프트 대신 구인 공고 링크를 입력하는 방법도 있다. 앞서 언급한 STAR 프레임워크에 따른 질문과 답변 역시 챗지피티로 만들어 본 것이다. 세상이 너무 빨리 변해서 내가 주니어일 때는 이런 툴을 이용하지 못했지만 여러분에게는 열려 있다. 적극적으로 이용해 보길 권한다.

자신의 경험과 성취를 정리하고 싶다면 표나 엑셀을 이용하여 체계적으로 구성해 보자. 각 열Column에 Situation(상황), Task(과제), Action(행동), Result(결과)를 넣고 각 행Row에는 (1) 힘들었지만 잘 해낸 일, (2) 내가 했던 것 중에 제일 잘한 일, (3) 동료들과 관계가 안 좋았을 때 극복한 일, (4) (매니저라면) 부족한 팀원을 어떻게 이끌었는지 등 예상 질문들을 넣는다. 질문마다 본인이 강조하고 싶은 스킬이나 경험을 녹여 내서 여러 개의 예시를 준비도 좋다. 이렇게 본인의 경험을 토대로 '질문 은행'을 만들어 두면 더 자신 있게 면접에 임할 수 있을 것이다.

	Situation (상황)	Task (과제)	Action (행동)	Result (결과)
힘들었지만 잘 해낸 일	프로젝트 마감 일주일 전 디자이너와 마케터 간 의견 충돌 발생.	당시 프로젝트 매니저로서 팀 갈등 조율하고 기한을 지켜야 하는 책임이 있었음.	각각의 입장을 들은 뒤 갈등의 원인을 파악함. 이후 전체 회의를 통해 새로운 방향으로 조율 성공.	프로젝트 기한 내 완료 및 팀워크 강화.

Corporate Lingo "How do you say?"

소라언니가 알려 주는 회사어 배우기 2

> # 당신은 형편없는 상사야
> You're a terrible boss

1. 아무 말도 하지 마세요.

   You say nothing.

   ▶ 회사에서 가장 중요한 원칙은 상사를 공개적으로든 개인적으로든 비난하지 않는 것입니다. 이는 전혀 도움이 되지 않습니다.

2. 와, 머리 스타일이 너무 멋져요. 어떤 제품 쓰세요?

   I love your hair. What kind of products do you use?

   ▶ 정말 싫지만 아부가 필요할 때도 있어요. 형편없는 상사들은 보통 자존감이 낮은 경우가 많습니다. 자존감 낮은 그들에게 기분이 좋아지는 말을 해

주세요. 치사하지만 그게 사회생활이기도 하죠.

3. 항상 좋은 조언 해 주셔서 감사해요.
   I appreciate your guidance and mentorship.

   ▶ 비록 그렇지 않더라도, 상사가 그렇게 믿게 만드세요.

상사가 형편없을 때 하지 말아야 할 일

누구나 한 번쯤 형편없는 상사를 만나게 됩니다. 사실 별로인 매니저가 대부분이에요. 그들 밑에서 일하는 건 정말 힘들죠. 인간관계 때문에 퇴사를 결심하는 대부분의 경우는 거지같은 상사 때문이고요. 이해합니다. 하지만 절대 당신의 감정을 드러내지 말고 상사의 무능함을 직접적으로 지적하지도 마세요. 지적한다고 바뀔 인물도 아니고, 오히려 상사의 감정을 상하게 해 상황을 악화시킬 겁니다. 그가 자존감이 낮거나 본인의 입지에 불안감을 느끼고 있다면 당신을 일부러 깎아내려서 본인을 더 긍정적으로 보이도록 세팅해 놓을 수도 있습니다.

상사가 형편없을 때 해야 할 일

상사의 동료나 더 높은 직급의 리더들과의 관계를 공개적으로 구축하세요. 그러니까 여러분의 '상사의 상사'와 좋은 관계를 만들어 두는 것이 좋습니다. 상사의 상사, 또는 조직에서 신뢰가 두텁고 높은 직급을 가진 사람과 공적인 장소에서 큰소리로 농담하며 웃어 보세요. 모두에게 '나 이분이랑 농담도 할 정도로 친해'라는 걸 보여 줄 수 있습니다.

상사가 당신을 험담하거나 중요한 프로젝트에서 배제하거나 승진을 누락시키려고 할 때 당신을 변호해 줄 사람이 있어야 합니다. 직속 상사가 무능하거나 불안감이 많거나 지나치게 간섭하는 스타일이라면 개선될 가능성이 거의 없습니다. 문제가 많은 상사는 결국 오래 버티지 못하는 경우가 많은데요. 저는 존버해서 승리하는 경우도 여러 번 있었습니다.

그리고 가장 중요한 것. 형편없는 상사 밑에서 일하는 게 얼마나 힘든지 알고 있다면, 나중에 당신이 리더가 되었을 때 절대 그들처럼 행동하지 마세요. 상사의 말과 행동으로 내가 어떤 감정을 느꼈는지 기록해 두세요. 내가 리더가 되었을 땐 어떻게 팀원들의 사기를 높여 줄지 고민해 보세요. 그리고 좋은 리더가 되세요.

이메일로 전달하면 될 걸 왜 회의를 하는 거야?
This meeting could've been an email

1. 앞으로 이 미팅의 목적과 빈도를 다시 검토해 보면 좋겠어요. 주간 이메일 업데이트로 대체하는 것도 고려해 볼 수 있을 것 같은데 어떻게 생각하세요?

   Should we revisit the purpose and frequency of this meeting? Perhaps we can replace it with weekly email updates. What do you think?

   ▶ **미팅을 줄이고 이메일로 대체하는 방안을 직접 제안합니다.**

2. 사전에 상세한 어젠다가 없다면 앞으로는 미팅을 취소하고 이메일로 대체하면 좋겠습니다.

   Unless we have a detailed agenda ahead of time, we'll cancel it going forward and stick to email updates.

   ▶ **미팅의 필요성을 사전에 검토하도록 유도합니다.**

3. 와, 방금 엄청 비싼 미팅을 했네요!

   Well, that was a very expensive meeting.

   ▶ **우리 팀원들의 연봉을 시급으로 계산하면 몇 명의 몇 분을 낭비했는지**

나오겠죠? 농담입니다. 이런 말은 하지 마세요.

당신이 회의를 주최하는 사람이라면?

일정을 생성하기 전에 스스로에게 물어보세요. 이 회의가 꼭 필요한가? 이메일로 주고받으면 될 내용은 아닌가? 회의는 문제를 해결하는 자리이지, 문제를 만드는 자리가 아닙니다. 불필요한 회의가 반복되는 상황이라면 당신이 해결사가 되세요. 동료들의 시간을 낭비하지 않도록 대안을 제안하세요. 이렇게 하면 동료들에게 신뢰와 존경을 받을 수 있고 특히 리더들은 당신에게 감사할 겁니다.

제발 하나하나 참견 좀 하지 마
Stop micromanaging me

1. 의견 주셔서 감사해요. 이 업무는 제가 주도적으로 진행할 수 있을 것 같습니다. 필요하면 따로 지원 요청하겠습니다.

    Thank you for your input. I feel confident taking ownership of this task. I'll reach out if I need any support.

▶ 독립적으로 업무를 수행할 자신이 있다는 것을 강조합니다.

2. 이제 제가 맡아서 진행할게요. 정기적으로 보고를 드릴 예정인데, 주간 보고 형식이면 괜찮을까요?
   I'll take it from here and provide regular updates. Does weekly work for you?

   ▶ 스스로 관리하면서도 필요할 때만 소통하겠다는 의사를 표현합니다.

마이크로 매니징하는 상사를 대할 때 스스로 점검해 봐야 할 것

- 상사의 간섭에 정당한 이유가 있는가?
- 마감일을 놓친 적이 있는가?
- 결과물이 기대에 못 미친 적이 있는가?

▶ 만약 그렇다면 스스로 의사소통을 더 강화하고 개선해야 합니다. 이때 평소보다 더 오버해서, 과하다 싶을 정도로 개선 의지와 행동을 보여 줘야 상대에게 당신의 노력을 인지시킬 수 있습니다.

- 상사가 단순히 불안해서 간섭하는 것인가?

- 개선 요청이 너무 사소한 것들인가?
- 아무 이유 없이 업무를 변경하려고 하는가?

▶ 만약 그렇다면 자신의 불안감을 팀원에게 투영하는 불안한 관리자일 가능성이 높습니다. 불안한 관리자 밑에서는 성장하기 어렵습니다. 상황이 개선되지 않는다면 새로운 기회를 찾는 것이 최선일 수도 있습니다. 이직을 고려할 때입니다!

PART 2

'나'라는 브랜드 성장시키기

나의 가치를 10배 높이는

일터의 기술

일을 잘하는 사람이란
누군가에게 '필요한 사람'이다.

결국은
이타적 접근이 이긴다

    2014년 넷플릭스에 근무하던 때, 한창 결혼식 장소를 찾고 있었다. 마침 회사 외부 워크숍 장소였던 호텔이 결혼식 장소로 딱 좋아 보였다. 게다가 당시 나의 매니저가 본인도 이 호텔에서 결혼식을 했다고 추천까지 하길래 가벼운 마음으로 호텔에 문의를 했다. 그리고 이런 답변이 돌아왔다.

    "죄송합니다. 저희 호텔 예식은 소속 골프장의 클럽 멤버만 진행할 수 있습니다."

    아, 그렇구나. 아쉽지만 어쩔 수 없다고 생각했다. 호텔을 추천한 매니저에게는 이런 이유로 예식이 어렵게 되었다는 소식을 전했다. 그러자 매니저가 이번에는 아버지에게 전화를 해 보겠다는 것이다. 뾰족한 수가 없지 않나 싶었지만 일단 고맙다는 인사를 전하고 한동안 그 일을 잊고 살았다. 그런데 며칠 후 그 호텔에서 전화 한 통이 걸려 왔다.

"존 챔버스 시니어는 저희 호텔 골프 클럽의 소중한 고객이십니다. 당신은 그분에게 중요한 사람이기 때문에 우리에게도 중요한 사람입니다. 저희 호텔에서 결혼식을 진행할 수 있도록 안내해 드리겠습니다."

이게 다 무슨 소리지? 어안이 벙벙해서 잠깐 넋을 놓고 있다가 정신을 차렸다. 세상에! 매니저의 이름은 존 챔버스, 그리고 호텔에 연락을 해 준 그의 착한(?) 아버지 이름도 존 챔버스. 사실 그때만 해도 그 존 챔버스가 시스코Cisco라는 미국 대기업의 회장 존 챔버스John Chambers라는 걸 몰랐다. 나의 매니저가 존 챔버스 회장의 아들이라는 것도(이름도 똑같고 생긴 것도 비슷한데!). 이런 일이 있고 몇 달 후 샌프란시스코 프로 농구팀의 코트 사이드(코트 바로 옆에 위치한 가장 비싼 자리. 주로 셀럽들이 앉는다)에 아버지와 앉아 있는 매니저를 누군가가 목격했고, 그제야 나와 팀원들은 무릎을 치며 "우리 집단적으로 다 바보였나?" 하고 웃었다.

그의 아버지는 일면식도 없는 내가 호텔에서 결혼식을 진행할 수 있도록 도와주었다. 존 챔버스 회장에 대한 이런 종류의 미담은 끝이 없다. 그는 자신이 가진 부와 시간과 자원을 타인에게 흔쾌히 베풀기로 유명했던 것이다. 예를 들면,

자녀가 불치병에 걸린 직원을 위해서 만나기 어려운 유명한 의사를 만나게 해 줬다거나 하는 일들. 그는 상대방의 인생을 통째로 바꿀 수도 있는 선의를 베푸는 데 망설임이 없는 사람이었다. 이렇게 본인이 도와줄 수 있는 일들을 모아 따로 전화하는 시간도 마련해 놓았다고 한다.

세계적인 회사의 CEO로서 부족한 것도 아쉬울 것도 없는 사람이니 사실 그런 일은 해도 그만 안 해도 그만일 것이다. 그럼에도 그는 크고 작은 선의를 아낌없이 베풀며 많은 이들의 존경과 신뢰를 얻었다. 이러한 명성은 돈으로도 살 수 없는 덕으로 쌓여 그에게 무형의 자산으로 돌아오고 있을 것이다.

베푼다고 무조건 손해가 아니다

기버 Givers, 테이커 Takers, 매처 Matchers. 펜실베이니아 대학교 와튼 스쿨의 애덤 그랜트 Adam Grant 교수는 그의 저서 《기브 앤 테이크》에서 인간의 행동 양식을 세 가지로 분류했다. 기버는 타인에게 베풀기 좋아하는 유형, 테이커는 자신의 이익을 우선시하는 유형, 매처는 손해와 이익의 균형을 이루는 유형을 말한다. 우리가 현실에서 만나는 사람들은 대체로 극단적인 기버나 극단적인 테이커보다는 매처가 대부분이다. 그랜트 교수는 "받은 만큼 되돌려준다는 원리를 믿고, 인간관계란 호의를 주고받는 관계라고 생각한다면 당신은 매처"라고 말한다.

나는 이 세 가지 행동 양식이 성공과 실패에 어떤 영향을 미치는지에 대한 연구 결과를 무척 흥미롭게 읽었다. 기버, 테이커, 매처 가운데 어떤 유형이 직업적 성취나 비즈니스적인 성공에 가장 유리하고 불리한가? 연구 결과는 많은 사람의 예상대로였다. 자신의 성공 기회를 희생하는 기버는 광범위한 직업군에서 불리한 입장에 놓였고, 벨기에 의대생 600명을 대상으로 한 연구에서도 남을 잘 돕는 학생들의 성적이 가장 낮았다. 자신의 공부 시간까지 할애하면서 친구를 가르쳐 주었기 때문이다.

그런데 놀랍게도 생산성이 가장 뛰어난 기술자도, 학점이 가장 높은 의대생도, 실적이 가장 좋은 영업 사원도 기버들이었다. 타인에게 베풀기 좋아하는 이타적 성향의 사람들은 업계의 꼴찌가 될 수도, 최고가 될 수도 있는 것이다.

선의는 장기적인 성공 전략

우리는 흔히 남을 배려하고 타인을 이롭게 하는 이들을 '바보' 또는 '호구(영어로는 doormat)'라고 여긴다. 특히 두뇌 회전이 빠른 한국인들은 손익 계산이 철저해서 더더욱 '호구'가 되지 않으려고 노력하는 모습을 자주 보인다. 실제로 기버 성향의 사람은 정말 손해만 볼 수도 있고, 경쟁에서 도태될 가능성도 높은 게 사실이다. 하지만 나는 좀 더 많은 사람들이 기버가 되어야 한다고 믿는다. '네가 먼저 베풀어야 나도 그에 상응하는 보답을 하겠다'는 마음을 가진 사람만 가득하면, 이 세상엔 아무 일도 일어나지 않을 것이다.

많은 사람이 자신의 이익을 우선시하고 원하는 것을 얻어내고야 마는 테이커가 성공하리라 생각하겠지만 인간 세계는 그렇게 단순하지가 않다. 이기적인 사람을 곁에 두고 싶어 하는 사람은 없다. 언뜻 보면 세상은 모든 것이 경쟁적으로 흘러가는 것처럼 보인다. 그러나 우리는 현실에서 관계 맺는 '내 곁의 사람'에게서 경쟁보다는 배려를, 착취보다는 도움을, 외면보다는 온정을 바란다.

아무런 대가가 없어도 선의는 반드시 의미를 갖는다. 그것은 회사라는 조직 안에서도 마찬가지다. 내가 잘되기 위해 열심히 일한다는 마음보다는 타인에게 도움이 되는 존재가 되고자 애쓰는 마음으로 일할 때 직업적 성공은 자연스레 따라온다. 자신의 시간과 자원을 효율적으로 관리하되, 우리는 늘 타인과 함께 살아가고 있다는 것을 잊어선 안 된다.

어떤 사람들은 이타적인 행동이 자신의 성공을 방해한다고 여긴다. 하지만 이타적 접근은 장기적으로 가장 현명한 전략이다. 내가 만나 본 기버들은 단기적으로 손해를 보는 것처럼 보였지만, 시간이 지날수록 신뢰를 얻고 좋은 평판을 쌓아 갔다. 존 챔버스의 예에서 알 수 있듯이 그는 자신의 시간과 자원을 나누는 데 인색하지 않았다. 사실 그런 행동을 당장의 이익으로는 측정하기 어렵다(그가 반드시 이익을 추구하기 위해 그런 행위를 했다고도 볼 수 없다). 하지만 그런 작은 선의의 행동이 모여 시스코라는 글로벌 기업의 문화를 형성했고, 그의 리더십은 단순히 권위가 아닌 존경을 바탕으로 구축되었을 것이다.

나를 소모하지 않는 선을 지킬 것

어떤 기버는 자신의 이익을 완전히 무시하고 남을 위해 희생하는 '희생적 기버'가 된다. 어떤 기버는 자신의 이익과 타인의 이익 사이에서 균형을 찾으며 베풀고자 한다. 후자는 주는 것의 기쁨을 누리면서 자신의 에너지와 자원을 현명하게 관리한다. 이와 같은 성공적인 기버가 되려면 자신의 한계를 알아야 한다.

모든 요청에 예스로 화답하는 일은 자신을 소진시킨다. 상대방 또한 시간이 흐를수록 고마운 마음은 잊고 당연하게 받아들일 것이다. 보다 가치 있는 곳에 자신의 시간과 에너지를 투자하는 지혜가 필요하다. 결코 착한 바보가 되어서는 안 된다.

누군가에게 베푸는 사람이라고 해서 항상 부드럽고 유약해야 하는 것은 아니다. 테이커가 자신을 이용하려 할 땐 단호하게 대처할 줄도 알아야 한다. 이런 사람들은 무조건 베풀기보다는 상호 이익이 되는 관계를 구축하고자 애쓰는 것이 좋다. 단순히 '주고받는' 관계가 아니라 서로에게 어떤 방식으로든 '도움'이 되는 것이 건강한 관계다.

애덤 그랜트의 연구에 따르면, 기버 유형의 리더는 팀의 성과를 더 높일 가능성도 크다. 그들은 팀원들의 강점을 인식하고 활용하며 서로 협력하는 문화를 만들어 낸다. 이런 환경에서는 개인의 성공이 팀의 성공으로 이어지고, 모두가 함께 성장한다. 한 명의 기버가 조직 단위의 생산성을 높이는 데에 크게 기여하는 것이다.

시간이 흐를수록 나는 더욱 확신하게 된다. 결국 이타적 접근이 이긴다. 단기적으로는 테이커가 더 많이 가져가는 것처럼 보이겠지만 장기적으로는 기버의 삶이 훨씬 더 풍요롭고 의미 있다. 돌이켜 보면 우리 인생에서 가장 소중한 순간들은 누군가에게 도움을 주거나 받았을 때다. 나의 결혼식을 위해 흔쾌히 전화를 걸어 준 그들의 친절이 10년이 지난 지금까지도 나에게 깊은 인상으로 남아있는 것처럼. 우리가 베푼 작은 친절 역시 누군가에게 오래도록 기억될 것이다(결국 그 비싼 데서 결혼식을 올리고 이혼하긴 했지만. 하하).

진심으로 일하는 사람에게
좋은 평판이 따라온다

"손절하세요. 안 맞는 관계는 손절이 답입니다."

최근 주식 투자에서 쓰는 '손절'이라는 말을 인간관계에 적용하는 경우를 자주 본다. '나를 위한 선택', '이너피스를 위해서', '나만의 바운더리 세우기' 같은 명분은 젊은 세대의 자기방어 슬로건이 되었다. 이런 말들은 인간관계를 주식 투자처럼 정확하게 맺고 끊을 수 있으리라는 환상을 품게 한다. 결론부터 말하자면 그럴 수 없다. 인간이란 존재는 입체적이고, 인간관계는 그리 단순하지도 명료하지도 않다. 또한 손절은 전혀 '쿨'하지 않다. 피치 못할 손절은 그저 필요에 의한 선택일 뿐이다.

모든 인연을 유지할 필요는 없지만, 단칼에 끊는 것 또한 성숙한 방법은 아니다. 조금 거리를 두고 싶은 상황이 오면 신중하고 현명하게 대처하는 것이 좋다. "너무 뵙고 싶은데 이번엔 바빠서 못 갈 것 같아요." 이런 식의 우아한 거절은 다음이라는 가능성을 열어 둔다. 왜 그래야 하냐고? 사람의 인연이란 정말 기묘하고 무서운 것이라서, 언제 어디서 적을 만나고 언제 어디서 연을 만날지 알 수 없기 때문이다(물론 진짜 해로운 관계는 끊어 내야 한다).

많은 사람들이 실리콘밸리를 세계에서 가장 냉정한 비즈니스가 이루어지는 곳으로 상상한다. 그곳에서는 모든 관계가 이익과 손해의 계산기 위에 놓여 있을 것이라며. 하지만 이 냉혹한 경쟁의 장에서도 진심은 통한다. 오히려 강력하게.

내 조회 수를 되찾아 줘서 고마워!

메타의 페이스북에서 일할 때였다. 어느 날 페이스북 라이브 크리에이터 Candylover89의 평균 동시 접속자 수가 급격히 떨어지는 오류가 발생했다. 그는 전 세계 페이스북 라이브 크리에이터 중 2~3위 안에 드는 파워 크리에이터였는데, 알 수 없는 버그로 평균 2~3만 회씩 나오던 조회 수가 5천 단위로 떨어졌다. 이 사람은 이 라이브가 생업이었고 남자친구와 가족 모두 이와 관련된 사업을 하고 있었기 때문에 조회 수가 떨어진다는 건 엄청난 사건이었다. 그는 갑작스러운 변화에 라이브 도중 눈물을 보이며 속상해했다.

그와 나는 유저 리서치를 하면서 문자까지 주고받을 정도로 친해진 사이였다. 나는 그가 이렇게 속상해하는 걸 가만 보고 있을 수 없었다. 버그는 언제나 생길 수 있고, 장기적으로 보면 치명적인 사건이 아닐 수도 있지만, 그가 하루 빨리 예전의 활기를 되찾길 바랐기 때문이다.

당장 라이브 엔지니어링 리더를 설득하여 스왓* 팀을 만들고 문제의 원인에 대한 가설들을 작성했다. 개발자들과 함께 무엇이 문제인지 알아내려고 안간힘을 썼다. 랭킹과 알고리즘은 정말 다양한 팀이 개입되어 있다. 특히 메타처럼 전 세계에 방대한 유저가 있고 기능이 매우 많은 플랫폼에서는 어떤 나라의 어떤 팀에서 잘못 건드렸는지 원인을 찾기가 정말 어렵다. 그렇게 온갖 노력 끝에 버그를 찾아냈고 그의 계정을 정상화시켰다(그를 돕고자 하는 마음도 있었지만, 이 버그를 찾아내는 과정에서 미처 감지하지 못한 다수의 사용자에게 발생한 문제들도 알아내고자 하는 마음도 있었다).

Candylover89는 내게 중요한 고객이었다. 그가 탑 레벨의

---

* Engineering SWAT. 기술 또는 엔지니어링 조직에서 문제를 빠르게 해결하는 전략 기술 대응 방식을 말한다.

크리에이터라는 이유도 있지만 더 큰 이유는 그의 삶이 나를 감동시켰기 때문이다. 그는 한때 깊은 우울에 빠져 있었다. 그러다 방송을 시작하고 콘텐츠를 만들며 사람들과 소통하게 된 덕분에 자살하지 않고 살아남을 수 있었다고 고백했다. 극심한 가난을 벗어나기 위해 작은 일부터 시도하며 치열하게 살아온 그의 삶은 나를 포함한 많은 이들에게 용기와 영감을 줬다. 그런 그를 보며 나는 이 일의 의미와 보람을 찾을 수 있었다.

크리에이터들을 대하는 나의 마음은 언제나 진심이었다. 온 마음을 다해 그들의 어려움을 해결해 주고 싶었다. 나의 동료들은 단 한 명의 유저를 위해 이리 뛰고 저리 뛰는 나를 의아해하면서도 그 열정을 높이 샀다. 개발자도 아니고 프로덕트 매니저도 아닌데 유저를 위해 저렇게 열성적으로 일한다는 것이 놀라웠다고 한다. 나는 이 일을 통해 유저의 문제를 해결해 주면서, 동시에 동료에게 일에 열정적인 사람이라는 인상까지 남길 수 있었다.

선의는 언젠간 돌아오는 것

Candylover89는 훗날 더 큰 영향력을 갖게 된 뒤 나에게 뜻밖의 도움을 주기도 했다. 내가 틱톡에 근무할 무렵, 적은 예산으로 광고주들이 만족할 만한 이벤트를 준비해야 했을 때 한 시간이 넘는 거리를 운전해서 흔쾌히 무료 강연을 해 준 것이다. 작년에 내가 에이전시 사업을 시작했을 때도 그는 자신이 속한 에이전시 대표에게 "I love her, I love her, I love her, please help her with whatever she needs(소라는 사랑이에요! 뭐든 필요한 게 있다면 꼭 도와주세요)"라고 외치며 나를 강력하게 추천했다. 그 덕분에 그 에이전시에 소속되어 있는, 광고를 잘 받지 않거나 나의 고객과 안 좋은 경험이 있어 계약하려 하지 않았던 메가 크리에이터들을 설득할 기회가 생겨 계약을 성사시킬 수 있었다. 그들과 진행한 프로젝트는 오가닉 조회수^{Organic Views}*가 백만 단위를 훌쩍 넘기며 성공적인 결과를 냈다.

나는 어떤 대가를 바라고 크리에이터를 위해 발 벗고 뛴 게 아니었다. 하지만 내가 진심으로 대한 시간들은 결국 오늘의 나에게 고스란히 돌아왔다. 비즈니스 관계일지라도 때론 계산하지 않는 진심이 더 큰 힘을 발휘하기도 한다. 사람을 손익의 대상으로만 보면 결국 좋은 평판을 얻기 힘들다. 그런

---

* 유료 광고 없이 자연스럽게 콘텐츠가 노출되어 발생한 조회 수. 반대로 Paid Views(유료 조회 수)는 광고비를 들여 인위적으로 노출시켜 얻은 조회 수를 뜻한다.

평판의 영향 또한 언젠간 자신에게 돌아온다.

세계적인 베스트셀러 작가 제이 셰티는 《수도자처럼 생각하기》에서 마음의 행복은 대가를 바라고 주는 것이 아니라, 주고 싶어서 주는 데서 온다고 말한다. 세상에는 나에게서 받기만 하는 사람도 있지만, 반대로 아무런 조건 없이 주기만 하는 사람도 있다. 이를테면 우리들의 어머니처럼.

내가 준 만큼 꼭 돌려받아야 한다는 마음이 들기 시작하면 마음은 점점 무거워진다. 결국 기대가 상처가 되고, 상처는 관계를 멀어지게 만든다. 타인에 대한 기대치를 낮추는 건 포기나 체념이 아니라 내가 더 자유롭고 평온해지기 위한 선택이다.

**There is more happiness
when we give than when we receive.**
주는 것이 받는 것보다 더 큰 행복을 준다.

이익만 좇는 사람은 위기의 순간에 혼자 남는다

언젠가 핀테크 스타트업을 운영하는 대학교 동창이 내게 마케팅 관련 업무를 맡기고 지분을 나누자는 제안을 했다. 나는 좋은 기회라고 생각해서 수락했다. 로펌에서 관련 계약서를 검토한다길래 그동안 일단 일을 시작했다. 그런데 아무리 시간이 지나도 계약서에 대한 업데이트가 없는 것이다. 어떻게 되어 가냐 물으면 로펌에서 검토 중이라는 말만 반복했다. 아무래도 이 사람은 내게 돈을 줄 생각이 없어 보였다.

그는 추수감사절에 갑자기 온라인 미팅이 가능한지 물었다. 마침 계약서 이야기도 해야겠다 싶어 알겠다고 한 뒤 그를 기다렸다(미국에서 추수감사절은 가족과 함께 보내야 하는 중요한 명절인데도!). 그런데 그는 20분이나 말도 없이 나타나지 않고는 대뜸 미팅 시간을 두세 시간 미룰 수 있냐고 물어 왔다. 나는 어렵겠다는 메시지를 보냈고 그와의 인연을 끊었다. 내가 맺은 수많은 관계 중 유일하게 '손절'한 사람이다.

내가 그와의 연을 끝내기로 결심한 이유는, 사람은 하나만 하지 않기 때문이다. 나를 대하는 태도나 일을 처리하는 방식도 상당히 문제적이라고 느꼈는데, 그에 대해 들려오는 평판 역시 매우 착취적인 사람이라는 이야기가 있었다. 직원을 대하는 태도에 문제가 많고, 자신에게 득이 되는 사람들과 관계를 맺고, 뭔가를 가져가려는 전형적인 테이커 유형이었다.

그는 본인의 회사 정직원이 육아 휴직으로 쉬고 있을 때도 "정말 4개월을 꽉 채워 쉬어야 하냐"라든가 "이거 하나만 해결해 줄 수는 없냐" 하며 스트레스를 줬다고 한다. 이렇게 공짜로 노동력을 얻고, 자신의 편의에 맞춰 타인의 시간을 허비하는 행동은 일시적으로는 이득을 볼 수도 있다. 그러나 그의 평판은 조용히 무너지고 있었다. 그는 새로운 소셜 영역에서 활동을 시작하려 했지만 이미 그의 행적이 널리 알려져 있었기 때문에 누구도 그와 엮이고 싶어 하지 않았다.

실리콘밸리의 진짜 통화는 '평판'이다. 이 무형의 자산은 돈으로 살 수 없다. 쌓는 데는 오랜 시간이 걸리지만 무너지는 건 한순간이다.

존 챔버스처럼 많은 이에게 베풀며 산 사람이 어려움에 처했을 때 얼마나 많은 도움의 손길이 나타날지 상상해 보라. 반면 단기적인 이익만 좇는 이들은 위기의 순간 홀로 남겨질 것이다. 진심은 희소성을 지닌다. 모두가 계산기를 두드릴 때, 진심을 가진 사람은 빛날 수밖에 없다.

좋은 멘티가
좋은 멘토를 얻는다

"저의 멘토가 되어 주세요."

메일함을 열자 낯선 대학생의 멘토링 요청이 눈에 들어왔다. 벌써 몇 번째인지 모를 멘토링 요청이다. 실리콘밸리 테크 업계에서 쌓은 경력 덕분인지 최근 이런 메시지가 부쩍 늘었다. 내게 조언을 듣고 싶다는 것은 나의 성취를 존중하고 경청하고 싶다는 의미이니 기꺼운 마음으로 메일을 열지만 늘 반가운 요청만 있는 것은 아니다. 자신이 누구인지 제대로 설명도 하지 않은 채 대뜸 요청부터 하는 사람, 무엇을 원하는지도 모를 막연한 질문만 하는 사람, '마케팅 분야 조언'이나 '테크 업계 성공 비법' 같은 모호한 요청을 늘어놓는 사람, 구글에 검색어 하나만 넣어도 알 수 있는 것을 묻는 사람….

그렇다. 내 메일함에 도착한 멘토링 요청 메일은 카오스 그 자체다. 현실적으로 모든 요청에 응하기란 불가능에 가까웠다. 그럴 만한 시간도 없거니와 본인이 무엇을 원하는지도 알 수 없는 요청에는 딱히 해 줄 수 있는 말이 없었으니까.

멘토링의 힘

몇 년 전, 메타에서 일하면서 컨설팅 업계 1위 기업인 맥킨지 앤 컴퍼니McKinsey & Company에서 잡 오퍼를 받은 적이 있다. 이직을 할지, 메타에서의 커리어를 계속 이어 나갈지 고민되었다. 그때 내가 아는 맥킨지 출신 마케팅 전문가 두 사람이 떠올랐다. 한 명은 메타에서 함께 일하는 팀의 디렉터, 또 한 명은 넷플릭스의 전 부사장이다. 테크 회사와 맥킨지를 모두 경험한 그들이라면 내 고민을 이해하고 알맞은 조언을 해 줄 수 있을 것 같았다. 그들에게 메시지를 보냈다.

"얼마 전 맥킨지에서 잡 오퍼를 받아 고민 중인데요. 바쁘신 줄은 알지만 이 고민에 귀한 조언을 해 줄 수 있는 분은 당신밖에 없다고 생각해서 연락드립니다. 제게 혹시 15분만 시간을 내주실 수 있을까요?"

그들은 기꺼이 시간을 내주었고 그 조언은 내 선택에 결정적인 도움이 되었다. 넷플릭스의 전 부사장은 이런 조언을 주었다.

"맥킨지는 전 세계에서 CEO를 가장 많이 배출하는 회사예요. 당신이 원하는 길이 그쪽이라면 당연히 추천하죠. 하지만 당신에게 아주 어린 아이가 있다는 점도 무시할 순 없어요. 출장과 늦은 업무가 많을 텐데 그 부분은 잘 고민하고 결정해야 할 거예요."

당시 메타에서 일하고 있던 동료도 내가 미처 생각하지 못했던 부분을 짚어 주었다.

"네가 맥킨지에서 배울 수 있는 건 전략적인 사고방식과 아이디어를 셀링하는 것일 텐데, 그걸 메타에서는 배울 수 없다고 생각하니? 내 생각엔 네가 어떤 프로젝트를 맡고 어떤 배움을 얻고 싶은지 심사숙고해 본다면 여기서도 충분히 가능하다고 생각해. 그리고 이직하면 네가 개인적으로 흥미롭지 않다고 생각하는 프로젝트에 들어갈 수도 있어. 예를 들면 농업이나 제조업 말이야. 지금은 네가 원하는 분야에 넣어 주겠다고 말하겠지만, 현실은 다르거든. 메타가 얼마나 다양하고 재미있는 프로젝트가 넘쳐나는 곳인지, 얼마나 직원 복지를 최우선으로 생각하는 회사인지 잘 생각해 봐."

두 사람의 조언을 토대로 당시 남편이었던 전남편과 상의 끝에 맥킨지에 합류하지 않기로 했다. 지금보다 낮은 연봉에 훨씬 많은 출장과 업무량을 생각했을 때 메타에 머무는 것이 최선이라 결론지었다. 이처럼 누군가에게 조언을 요청하는 일은 인생의 큰 결정을 앞두고 있을 때 많은 도움을 준다. 여러분이 전략만 제대로 짠다면 말이다.

멘토링, 어떻게 요청해야 할까?

"저는 지금 뭘 해야 할지 모르겠어요."

이건 멘토링 요청이 아니라 그냥 하소연이나 푸념에 지나지 않는다. 좋은 답변을 얻기 위해서는 좋은 질문을 던져야 한다. 질문에 맥락과 정보가 없다면 상대가 누구라도 원하는 답을 들을 수 없을 것이다. '바빠 죽겠는데 본인이 뭘 하고 싶은지도 모르는 사람에게 내 귀한 시간을 써야 하나?' 멘토가 이런 생각을 하는 순간 당신의 멘토링은 망한 것이다.

앞에서 이야기한 나의 멘토링 요청 상황에서 여러분이 기억해야 할 것은 간단하다. 이 원칙은 멘토링뿐만 아니라 회사 생활에 있어서 반드시 지켜야 할 예의에 가깝기 때문에 꼭 명심해 두는 것이 좋다.

1. 내가 누구인지, 어떤 사람인지 소개할 것
   ▶ 나는 당신과 같은 회사에서 근무하는, 그러니까 당신과 비슷한 층위에 있으며, 맥킨지라는 좋은 회사에서 오퍼를 받은

인재다.

2. 고민의 쟁점, 왜 당신이 조언을 해 주면 좋겠는지 명확히 밝힐 것
   ▶ 당신은 메타와 맥킨지 모두를 경험했기 때문에 적절한 조언을 해 줄 것이다.

3. 멘토의 시간을 존중하는 태도를 보일 것
   ▶ 바쁘시겠지만 이 고민에 귀한 조언을 해 줄 분은 당신밖에 없다고 생각한다. 최대한 당신의 시간에 맞추겠다. 아니면 출퇴근 시간에 전화 통화도 괜찮다.

내가 만약 주니어일 때, 대뜸 셰릴 샌드버그에게 "저의 멘토가 되어 주세요"라고 요청한다면? 그는 당연히 너무 바빠서 나를 이해할 시간도, 내가 원하는 것을 파악할 시간도, 실제로 도움을 줄 시간도 없다. C레벨* 같은 상위 직급의 인물

---

* 기업에서 최고위 임원진 또는 경영진을 일컫는 말로, 영어로는 'Chief(최고의)'로 시작하는 직책의 약칭. CEO(Chief Executive Officer, 최고경영자), CMO(Chief Marketing Officer, 최고마케팅책임자), COO(Chief Operating Officer, 최고운영책임자), CTO(Chief Technology Officer, 최고기술책임자), CFO(Chief Financial Officer, 최고재무책임자) 등이 있다.

들에게는 직접 멘토링을 요청하기보다 그들의 행보를 관찰하고 저서를 읽는 것이 현실적이다. 이들은 집필이나 강연 활동을 왕성하게 하는 편이기 때문에 커리어 관련 노하우나 조언은 거의 오픈되어 있다고 봐도 무방하다. 저 사람은 어떤 경로로 성장했는지, 어떻게 분야를 전환했는지 지켜보며 그들의 커리어 패턴을 학습할 수도 있다. 이런 '원격 멘토링'은 직접적인 접촉 없이도 많은 인사이트를 가져갈 수 있다.

여기서 오해하지 말아야 할 것은, 멘토란 뭔가 위대한 업적을 이루거나 위인전에나 나올 법한 '대단한' 사람만을 의미하지 않는다는 것이다. 오히려 너무 대단한 사람이거나 당신과 경력 차이가 너무 많이 난다면 조언이 현실적이지 못할 수 있다. 우리는 작은 문제부터 폭넓은 관점으로 판단해야 할 영역까지 다양하게 배울 필요가 있다. 그래서 실질적인 멘토링 관계를 맺으려면 반드시 구체적으로 접근해야 한다.

무엇보다 중요한 것은 신뢰를 구축하는 일이다. 처음 만나는 자리에서 인생을 바꿀 통찰력이나 획기적인 조언을 기대할 수는 없는 노릇이다(일단 당신이 누군지도 모르고 무엇이 필요한지도 모르는데 뭔가 대단한 통찰이나 조언을 늘어놓는다면 그는 진실한 멘토가 아니라 사이비일지도 모른다). 작은 질문으로 시작해 점진적으로 관계를 발전시키면서 상호 간에 신뢰를 쌓으면 더 깊은 주제와 가치 있는 조언이 오고 가게 될 것이다.

서로가 서로의 멘토가 되어 주는 시대

멘토를 찾는 과정은 결혼 상대를 찾는 것과는 다르다. 내가 원하는 요소를 모두 갖춘 사람이 아니어도 된다는 뜻이다. 멘토는 여럿 가질 수 있다. 최고의 능력을 가진 한 사람 한 사람씩, 어벤져스처럼 말이다.

어떤 사람은 마케팅 분야에서 배울 점이 많은 멘토가 되고, 어떤 사람은 워킹맘으로서 조언을 잘해 주는 멘토가 되고, 어떤 사람은 소셜 미디어를 활용한 브랜딩을 너무 잘해서 관련 내용을 나눠 주는 멘토가 된다. 어떤 사람은 나보다 나이도 어리고 경력도 적지만 Z세대의 심리를 너무 잘 알아서 그 분야만큼은 나의 멘토가 되어 줄 수 있다.

오늘날의 복잡한 비즈니스 환경에서는 한 사람이 모든 영역의 전문가일 수 없다. 따라서 다양한 전문성을 가진 여러 멘토의 조언을 종합하는 전략이 더 효과적이다. 다양한 관점을 통해 더 균형 잡힌 통찰력을 얻을 수도 있다.

'완벽하고 이상적인 한 사람의 멘토'란 존재하지 않는다. 멘토와 멘티 관계는 시혜적 관계가 아니라 호혜적 관계이기 때문이다. 어느 한쪽이 항상 받기만 하거나 항상 주기만 하는 관계는 오래 지속되기 어렵다. 멘티로서 나도 멘토에게 가치를 제공할 수 있어야 한다.

'아니, 나는 아직 아무것도 이룬 게 없는 병아리인데 멘토에게 뭘 줄 수 있다는 거지?'

걱정하지 말라. 멘토링으로 주고받는 가치는 다양하다. 예를 들어, 신입사원이라면 커리어적으로 나눌 만한 노하우가 아직 없지만 요즘 세대의 관심사가 무엇인지 알려 줄 수 있다. 매우 많은 컨슈머 관련 제품 회사들이 원하는 고객은 알파 세대 또는 Z세대다. 그들만이 줄 수 있는 유니크하고 가치 있는 조언들이 있다. 또, 다른 팀 선배에게 사소하지만 우리 팀의 분위기를 전달해 줌으로써 선배가 회사 전반의 분위기와 상황을 파악하도록 도와줄 수도 있다.

내가 아는 한 선배는 엄마로서 놀라운 능력을 보여 줬지만 소셜 미디어 마케팅에는 서툴렀다. 나는 그녀에게 소셜 미디어 마케팅 전략을 알려 주고, 선배는 나에게 육아의 지혜를 전수해 줬다. 또 다른 동료는 나에게 코리안 글래스 스킨케어 비법을 가져간 대신 내가 어려워하는 상사와 친해질 수 있는 공략법을 알려 주기도 했다. 가치 교환의 핵심은 균형이다. 꼭 같은 종류의 가치를 교환할 필요는 없다.

멘토에게 질문하기 전 알아야 할 7가지

1. 상대를 알아야 질문도 할 수 있다

철저한 사전 조사로 멘토의 배경과 전문성을 파악하라. 이는 단순히 예의를 갖추기 위함이 아니라 질문하기 위한 필수 과정이다. 기자가 누군가를 인터뷰할 때 상대방에 대해 모르는 상태라면 무슨 질문을 할 수 있을까? 마찬가지로 멘토에게 좋은 조언을 듣고 싶다면 그가 걸어온 커리어 경로를 파악하고 주요 성취는 무엇인지, 전문 분야는 무엇인지 정도는 이해하고 있어야 한다. 상대방을 알아야 가치 있는 질문을 던질 수 있는 법이다.

2. 링크드인, 왜 안 써?

멘토에 대한 정보를 얻기 위한 가장 탁월한 도구는 링크드인 같은 비즈니스 중심의 소셜 미디어 플랫폼이다. 나는 전부터 사람들이 왜 링크드인을 더 적극적으로 활용하지 않는지 의문이었다. 본인이 자발적으로 자신의 커리어를 기록해 둔 이런 플랫폼만큼 커리어를 파악하는 데 유용한 게 없는데 말이다.

특히 외국계 기업에 근무하고 있다면 무조건 관리해야 한다. 개인적인 영역은 확인하기 어렵지만 커리어 정보는 누구에게나 열려 있다. 적어도 멘토링을 요청하기 전에 상대의 이력 정도는 링크드인 같은 플랫폼을 통해 확인하도록 하자.

어떤 이들은 갑자기 링크드인을 업데이트하면 주변 사람들, 특히 상사가 '얘 이직 준비 하는 거 아냐?'라고 생각할까 봐 건드리지 않는다고 하는데, 그러니까 늘 링크드인을 업데이트하는 사람이 되어야 한다. 실제로 나는 링크드인 덕분에 넷플릭스와 틱톡의 사내 리크루터에게 연락을 받아 이직의 물꼬를 틀 수 있었다.

3. 당신만이 답해 줄 수 있다는 마음으로

멘토가 되어 주길 바라는 상대가 있다면, 그 사람만이 답할 수 있는 구체적이고 명확한 질문을 준비해야 한다. 멘토의 고유한 경험이나 전문성에 기반하며 다른 곳에서 얻기 힘든 정보나 통찰력을 요구하는 것이다. 예를 들어 "어떻게 하면 성공할 수 있나요?" 대신 "당신이 A 직책에서 B 직책으로 이동할 때 가장 큰 도전은 무엇이었고, 그것을 어떻게 극복하셨나요? 저도 그런 이동을 고려 중이라서요." 같은 구체적인 질문을 해야 한다. 누구나 답할 수 있는 것은 멘토의 시간보다 값이 싼 구글이나 챗지피티에게 물어보자. 제발!

4. 남의 시간 귀한 줄 알아야 한다

상대방의 시간을 귀하게 여기고 존중하는 것은 기본 중의 기본이다. 특히 그 시간을 나에게 할애해 달라고 요청하는 일이라면 더욱 그렇다. 멘토링 시간을 명확히 정하고 철저하게 지키자. 15분 또는 30분, 이런 식으로 되도록 짧은 시간을 명시적으로 요청하고 그 시간 안에 최대한의 조언을 얻어 갈 수 있도록 철저하게 준비할 것. 약속된 시간이 끝나면 멘토가 더 이야기하고 싶어 하지 않는 한, 적절하게 마무리하는 게 좋다. 멘토의 시간을 존중하는 모습을 보여 주는 것만으로도 성숙한 태도를 인정받을 수 있다.

일정을 조정할 때도 멘토들이 더 바쁜 경우가 많으니 그들의 시간에 맞춰야 한다. "아, 저는 월요일 10시부터 10시 30분, 화요일 3시부터 4시 30분에 가능합니다"라며 자신이 가능한 시간을 빼곡하게 알려 주는 건 적절치 않다. "월요일 오전, 화요일 오후 다 가능합니다. 당신에게 맞출 테니 편한 시간을 알려 주세요"가 더 적절하다.

5. 반드시 감사 표시를 하고 결과를 공유할 것

조언을 받은 후에는 반드시 감사를 표해야 한다. 아니 누가 설마 감사 인사를 빼먹겠어? 혹시 지금 이런 생각을 했다면 그래도 다행이다. 현실에서는 감사 인사를 빼먹는 사람이 생각보다 굉장히 많다.

조언을 구하는 메일에 기껏 답장해 줬더니 '읽씹' 하고 아무런 반응이 없는 경우는 정말 화가 난다. 이렇게 기본적인 자세도 안 되어 있는 사람에게 내 귀한 시간을 할애했다는 것도 싫지만, 그런 사람들 때문에 점점 더 멘토링을 꺼리게 되는 것도 안타까운 일이다.

감사 인사는 정말 기본 중에 기본이다. 그에 더해 그 조언을 어떻게 활용했는지 공유한다면 더욱 좋다. 멘토의 조언이 실제로 어떤 결과를 이뤄 냈는지 알리는 것은 당사자에게 큰 만족감을 준다. 이는 멘토링의 영향력을 확인하는 중요한 순환이 된다.

만약 멘토의 조언대로 하지 않았더라도 당신이 어떤 이유로 그런 결정을 내렸고, 무엇을 배웠는지 알려 주는 것 또한 중요하다. 많은 사람들이 '바쁜 사람의 시간을 또 뺏는 것은 아닌지 미안해서' 연락하지 않는 경우가 많다. 그러나 꼭 공유하기를 권한다. 멘토의 조언대로 해서 잘됐다는 이야기는 특히 멘토를 기쁘게 한다. 이때 자기는 누구였고 내가 언제 어떤 조언을 주었다고 상기해 주는 것도 좋은 습관이다. 짧고 집중된 커리어 챗을 많이 하는 사람들은 모두를 기억하지 못할 수 있기 때문이다.

역량이 되는 선에서, 정말 중요한 조언을 받은 경우에는 감사의 선물을 전하는 것도 좋다. 나의 경우, 이직에 큰 도움을 준 분들께 와인이나 캔들을 선물하기도 했다. 개인적으로는 이런 센스로도 나를 각인시킬 수 있는 기회라고 생각한다.

6. 당신도 언젠간 멘토가 된다

오늘 내가 누군가의 멘티였다면 내일은 누군가의 멘토가

된다. 그러니 내가 받은 만큼 후배에게, 동료에게, 혹은 도움이 필요한 누군가에게 멘토링에 열린 자세를 보여 주자. 다만, 여건이 허락하지 않을 때는 적절한 요령이 필요하다.

요청의 100%를 다 수용하진 못하더라도, 난이도를 조금 낮춰서 대응하는 것도 방법이다. 예를 들어 이러저러한 일 관련하여 조언을 듣고 싶어서 간단히 커피 챗을 하고 싶다는 요청을 받았는데 내가 출장 등의 이유로 시간이 나지 않는다면 "오프라인 만남은 어렵지만 메일도 괜찮다면 간단히 답을 드릴게요"라고 응하는 식이다. 30분 만남을 요청받았는데 시간이 없다면 10분 정도 시간을 내줘도 된다.

7. 멘토링 네트워크를 만들어라

성공적인 멘토링 관계는 시간이 흐르며 진화한다. 처음에는 멘티가 주로 배우는 입장이겠지만 그도 경험이 쌓이고 전문성이 강화되면 동등한 관계로 발전해 나갈 수 있다. 이렇게 다져진 강력한 멘토링 네트워크는 새로운 기회와 가까워지고, 위기 상황에서 든든한 구원자를 얻기도 한다. 멘토링은 장기적인 관점에서 단순한 지식 교환을 넘어 탄탄한 전문가 네트워크를 구축하는 강력한 수단이다.

'좋은 멘티가 좋은 멘토를 얻는다'는 명제는 틀림없는 진실이다. 멘토의 시간과 전문성을 존중하고, 받은 만큼 돌려줄 수 있는 자세를 갖춘 멘티는 반드시 발전하게 되어 있다. Trust me!

성실한 바보가
되지 않기 위한 생존법

세상에는 두 종류의 사람이 있다. 일을 열심히 하는 사람, 일을 '보이게' 하는 사람. 이상하게도 후자가 승진하는 경우가 많다. 정말 짜증 나는 일이다.

직장 생활의 진실을 하나 알려 주겠다. 회사에서 중요한 건 당신이 '일을 얼마나 잘하느냐'보다 당신이 '일을 하고 있다는 사실을 누가 알고 있느냐'다. 내가 아무리 열심히 해 봤자 대충 일하고 결과를 과장하는 사람이 더 인정받는 일은 흔하게 벌어진다. 그렇다, 불합리하다! 이런 현실이 싫은 마음도 충분히 이해한다.

나도 이런 건 공정하지 않다고 생각한 적이 있었다. 동료들이 보기에도 나보다 훨씬 일을 못하지만 말만은 청산유수인 동기가 있었다. 그는 말빨로 나보다 먼저 승진했다. 그 뉴스를 듣고 너무 화가 나서 집에 오자마자 테킬라 샷을 마시기도 했다. 하지만 솔직히 말해서, 그게 나에게 무슨 도움이 되는가? 그가 나보다 빨리 승진했다는 사실은 변하지 않는데.

내가 진정으로 원하는 게 뭔지 자문해 보자. 정정당당한 페어플레이를 고집하며 승진에서 밀려나는 것인지, 아니면 나만의 방식으로 인정받고 승진해서 더 높은 연봉을 받고 내가 원하는 동네에 정착해 풍요로운 삶을 영위하는 것인지 말이다. 이 책을 읽고 있는 사람이라면 아마 이미 '일잘러'일 텐데, 여기에 '포장까지 잘하는 스킬'이 장착된다면 그야말로 훨훨 날아갈 수 있을 것이라 믿어 의심치 않는다.

자신의 가치를 '드러내는' 일의 중요성

"화내지 말고 되갚아 줘라(Don't get mad, get even)."

90년대 미국의 정치 토크쇼 〈하드볼〉의 진행자 크리스 매튜스Chris Matthews는 '부당한 일을 당했을 때 감정적으로 대응하지 말고 똑같이 되갚아 주며 복수하라'는 의미의 이 말을 이렇게 바꿨다.

"화내지 말고, 복수하지도 말고, 이겨 내라(Don't get mad, don't get even, get ahead)."

크리스는 80년대 민주당 하원 의원 팁 오닐Tip O'Neill의 보좌관이었다. 그는 워싱턴 정가에서 통하는 정치적 생존 전략을 그의 저서*에서 흥미롭게 풀어냈는데, 그가 제시한 이 법칙은 직장 생활의 본질과도 정확히 일맥상통한다. 화를 내지 않는 것은 물론이고 같은 수준에서 싸우지 말고(똑같은 인간이 되지 말고), 그들을 뛰어넘어 앞서가는 것이 진정한 승리라는 것. 이것은 정치적 전략이기도 하지만 회사에서 자신의 가치를 극대화하는 처세술과도 통한다.

똑같은 일을 해도 누군가는 모든 게 다 자기 성과인 것처럼 떠벌려서 모든 보상을 가져가고, 정작 묵묵히 어려운 일을 해낸 사람은 아무 인정도 받지 못한다면 화가 나는 건 당연하다. 하지만 정말 중요한 것은 그들의 뻔뻔함에 분노할 게 아니라 이 게임에서 승리하는 법을 익히는 것이다. 회사에서 성공하려면 단순히 열심히 하는 것만으로는 부족하다. 일을 보이게 하고, 자신의 가치를 드러낼 줄 알아야 한다.

Don't hate the player, hate the game.
사람을 미워하지 말고, 시스템을 탓해라.

---

* 《하드볼Hardball: How Politics Is Played, Told by One Who Knows the Game》.

비즈니스 스쿨에서 MBA 과정을 공부할 때, 내가 맡은 모든 그룹 프로젝트는 우리 클래스에서 1등을 놓치지 않았다. 그건 내가 가장 뛰어났기 때문이 아니다. 가장 뛰어난 사람들을 내 팀으로 영입한 덕분이다. 그룹 프로젝트가 시작되면 나는 재빨리 이 프로젝트에 필요한 능력을 파악하고, 그 능력이 가장 뛰어난 사람들을 팀으로 데려왔다. 능력 있고 평판 좋은 사람과 함께라면 성과도 좋을 수밖에 없다. 일단 똑똑하다고 소문난 A라는 친구 한 명만 데려오면 그 이후는 술술 풀린다. "A도 우리 팀인데, 조인할래?" 좋은 인재는 더 좋은 인재를 끌어들인다. 잘될 수밖에 없는 선순환 구조를 만드는 것이다.

내가 팀장으로서 한 일은 이 인재들의 일을 쉽게 해 주는 것이었다. 구글 캘린더를 만들어 관리하고, 미팅 어젠다를 작성하고, 교수님과 조교님에게 틈틈이 우리 프로젝트가 제대로 된 방향으로 가고 있는지 확인하는 등 남들이 봤을 때 '허드렛일'처럼 보이는 일을 자처해서 도맡았다. 그렇다고 그냥 보조에 충실할 뿐이라는 자세를 보이지는 않았다. "너희들은 이걸 하느라 바쁠 테니 내가 이 부분을 처리하겠다"며 팀원들을 '돕고자' 한다는 의사를 명확히 밝혔다. 그래야 팀원들에게 든든한 리더로 인식될 수 있다.

'허드렛일'을 하다 보면 팀 내에서 일이 잘 진행되고 있는지 파악이 쉽다. 현재 무엇이 부족한지, 어떻게 채워 나갈 것인지를 계속 확인하고 조정하는 역할을 대외적으로 하게 되는데, 그러면 교수님에게도 똑똑한 학생이라는 인상을 남길 수 있다. 이렇게 프로젝트가 좋은 결과를 내면 '소라가 이끄는 프로젝트는 늘 1등을 한다', '소라는 일을 잘하고 유능하다'는 평판을 얻게 된다.

커뮤니케이션을 장악하라

이런 전략은 직장에서도 유효하다. 중요한 회의에서 화이트보드나 온라인 회의록을 작성하는 일에는 명확한 장점이 있다. 인턴이나 막내 신입사원이 할 법한 하찮은 일이라는 생각이 들겠지만 전혀 그렇지 않다. 이것이야말로 당신이 영향력을 발휘할 수 있는 중요한 활동이다. 그러니까 이건 커뮤니케이션을 누가 장악하느냐의 문제다.

미팅의 어젠다를 작성하고 키포인트를 정리하며 다음 단계를 제안하는 역할을 맡으면 자연스럽게 회의를 주도하게 된다. 때로는 상급자가 주도하는 미팅이라도 "제가 어젠다를 써도 될까요?"라고 제안해 볼 수도 있다. 이렇게 하면 당신은 단순한 참가자가 아니라 미팅의 방향을 설정하는 사람이 된다.

가끔은 별로라고 생각되는 의견이 나왔을 때 슬쩍 기록을 누락할 수도 있다. 모든 아이디어가 동등한 가치를 갖는 것은 아니며, 펜은 내가 쥐고 있기 때문이다. 사람들은 생각보다 미팅의 모든 순간에 집중력을 발휘하진 않는다. 그런 점을 이용해 당신이 원하는 방향으로 논의를 이끌어 가는 것이다. 그러니 미팅에 참여하기 전 목적을 명확히 해야 한다. '이 업무는 내가 맡고 싶다', '이 영역은 우리 팀으로 가져오고 싶다' 등 구체적인 목표를 설정하라. 준비된 자만이 기회가 왔을 때 놓치지 않는다.

회의록을 작성하면 내가 동의하지 않거나, 우리 팀에 불리하거나, 논리적으로 말이 안 되는 쪽으로 이야기가 흘러가고 있을 때, 그런데 아무도 반박하지 않을 때 이렇게 말할 수 있다. "어, 잠깐만요. 기록하느라 못 들었어요. 다시 말해 주실래요?" 못 알아들은 척하면 상대방은 말도 안 되는 요구를 다시 설명하게 되고, 그 과정에서 주변 사람들이 오류를 알아차리는 일도 종종 있다.

일을 '보이게' 하는 것은 거짓 어필을 하고 과장하는 것과는 엄연히 다르다. 눈앞의 이득에 눈이 멀어 남의 공을 가로채고 자기 것인 양 과시하는 사람들이 있는데, 그건 정말 멍청한 짓이다. '말만 많은 사람'이라는 소문은 순식간이다. 사람이 6개월만 보고 살면 안 된다. 잠깐은 통할지도 모르지만, 혹여 사람 보는 눈이 없는 상사의 눈에는 들지도 모르지만, 동료들 사이에서 빠르게 신뢰를 잃게 될 것이다.

어떤 분야건 업계는 생각보다 좁고 위로 올라갈수록 더 좁아진다. 그래서 점점 단기적인 성과보다 장기적인 평판이 훨씬 중요해진다. 자신의 일을 가시화하고 인정받을 수 있는 요령을 적절히 적용하되, 타인의 공로를 공개적으로 인정하고 칭찬하는 자세도 필요하다. 내가 먼저 함께 일한 사람들의 기여를 알아주는 사람이 될 줄 알아야 한다.

실제로 앞서 말한, 나보다 일찍 승진해 나를 테킬라 마시게 했던 그 동료는 큰 회사에 들어간 지 얼마 안 되어 해고를 당했다. 그 이후 주변 사람들은 그의 소식을 알지 못한다. 이런 걸 보면 아무리 억울한 일이 생겨도 인생을 길게 볼 여유가 필요하다고 느낀다. '자신의 길을 묵묵히 걸어가며 좋은 관계를 유지하는 사람이 결국 이긴다'는 말을 여러분에게 꼭 전하고 싶다.

세상은 정당한 방식으로만 굴러가지 않지만 그렇다고 뻔뻔함과 비열함까지 배울 필요는 없다. 당신만의 방식으로 커뮤니케이션을 장악하라. 그리고 다시 한번 기억하자. 화내지 말고, 되갚아 주지도 말고, 이겨라.

Don't get mad; don't get even; get ahead.
화내지도 말고, 복수하지도 말고, 이겨 내라.

일 잘하는 사람이 정치도 잘하는 이유

'실무는 뒷전이고 사내 정치에 몰두하는 사람들이 싫다. 그러나 우리 팀 리더는 정치를 잘했으면 좋겠다.'

직장인이라면 다들 이렇게 이중적인 생각을 한 번쯤 해 봤을 것이다. 모두가 '정치질'이라는 것에 부정적이지만, 우리 팀의 리더가 바로 그 '정치질'을 잘해서 중요한 프로젝트를 많이 가져온다면? 그때도 사내 정치라는 것에 질색할 수 있을까?

나도 한때는 회사에서 일은 안 하고 정치만 하는 것처럼 보이는 사람들에 대해 부정적이었다. 하지만 정치에 대한 정의를 다시 생각하자 그들이 조금은 다르게 보였다. 정치는 단순한 아부나 줄서기, 이간질이 아니다. 나는 그것이 결국 협상이라고 생각한다. 협상은 퍼즐 조각을 맞추는 것과 같다. 내가 갖고 있는 것을 상대방이 원하는 것과 맞추는 퍼즐. 이 퍼즐을 맞추려면 상대의 욕구와 나의 목표가 맞닿는 지점을 찾아내야 한다.

협상에서 가장 중요한 것은 설득하는 능력이다. 우리가 회사에서 하는 일은 대부분 끊임없이 누군가를 설득하는 과정이다. 때로는 완벽하게 동의하지 않더라도 회사의 결정에 따라야 할 때가 있지만, 그 안에서 조금이라도 자신이 원하는 것을 취하기 위해 개인적인 혹은 조직적인 정치력을 발휘해야 할 때가 있다. 그럴 때 팀 리더의 정치력에 따라 팀의 운명이 달라지기도 한다.

나는 회사에서 열심히 일만 잘하면, 그래서 성과를 내면 그에 맞는 인정과 보상이 따라오는 거라고 생각했다. 그러나 현실은 그것만으로 충분하지 않았다. 시간이 지나고 보니 결국 일도 잘하고 정치도 잘하는 게 성과였고, 그런 사람이 중요한 자리를 차지한다는 걸 깨달았다. 때로는 일은 평범하게 하지만 정치적 감각이 뛰어난 사람이 승진하고, 프로젝트를 따내며, 더 많은 지원을 받는다.

그렇다면 사내 정치에 능하다는 것 역시 '일잘러'의 요건에 포함할 수 있지 않을까? 좋은 협상가가 모두를 만족시키는 결과를 이끌어 내는 것처럼, 정치적 감각이 좋아서 조직과 개인 모두에게 이익이 되는 방향을 찾아낸다면 그거야말로 최선이 아닐까?

Corporate Lingo "How do you say?"

소라언니가 알려 주는 회사어 배우기 3

> # 왜 그렇게 유치하게 구는 거야?
> Why are you being so difficult?

1. 이런 소모적인 논쟁은 비효율적입니다. 한정된 리소스를 좀 더 의미 있는 업무에 투입하는 게 좋을 것 같아요.

   This back and forth has proven counterproductive. I'd like to redirect our limited bandwidth into focusing on meaningful work that drives tangible outcomes.

   ▶ 불필요한 갈등을 줄이고 생산적인 방향으로 논의를 이끌어 갑니다.

2. 저는 성과를 높이는 데 집중하고 싶습니다. 그런데 최근 이 팀은 비효율적인 업무에 너무 많은 에너지를 쏟아서 성과가 잘

나오지 않는 것 같아요.

My priority is delivering results that drive our business forward. While it seems your team's energy has been diverted into less impactful projects as your team's impact has been underwhelming lately.

▶ 비판보다는 분석적인 접근 방식을 취하면서 실질적인 결과를 강조합니다.

3. 실질적인 업무보다 역할과 책임 논쟁, 그리고 사내 정치에 더 많은 시간을 쓰고 있다고 생각하지 않으세요? 이건 강한 리더십이 부족하다는 신호라고 생각합니다.

Do you feel like your team is spending more time arguing over roles and responsibilities the office politics, rather than spending the time actually doing the work? That could be a sign that you lack strong leadership.

▶ 사내 정치에 빠진 조직 문화를 지적하면서도 문제 해결을 위한 논의를 유도합니다.

사내 정치 속에서 살아남는 법

사내 정치는 불가피한 경우가 많습니다. 하지만 그저 감정적으로 대응하기보다는 그 안에서 살아남는 사람들이 어떻게 행동하는지 관찰하고 배울 필요가 있어요. 전략적으로 접근하세요. 누가 영향력을 가지고 있는지 파악하고, 적절한 방향으로 조정하는 것이 중요합니다. 결국 나 자신의 실질적인 성과가 가장 강력한 무기가 될 수 있습니다. 논란과 갈등 속에서도 꾸준히 성과를 내는 사람이 인정받는다는 걸 잊지 마세요.

이 일은 너무 지루해
I'm so bored at my job!

1. 제 역량을 좀 더 확장하고 새로운 경험을 쌓고 싶습니다. 혹시 XX 관련해서 제가 참여할 수 있는 업무가 있을까요?

   I would love to expand my skill set and am very interested in gaining exposure to XX. Would you be open to giving me some tasks that would help me gain that skill set?

   ▶ 지루함을 표현하는 대신 새로운 업무를 배우고 싶다는 의지를 강조합니다.

2. 저는 XX 분야에 대해 더 깊이 알고 싶은데요, 혹시 YY 팀과 협

업할 기회가 있을까요?

I'm really curious — is there any chance I could collaborate with Team YY?

▶ 관심 있는 분야를 배우고 싶다는 걸 어필하면서 협업 기회를 모색합니다.

3 제가 XX 분야의 역량을 더 키우고 싶은데 매니저님이나 다른 시니어분이 이 분야에 특히 뛰어난 역량을 갖고 있다는 걸 알게 됐어요. 해당 업무를 일부 맡아 보면서 멘토링을 받을 수 있을까요?

I'm trying to get better at XX, and I noticed that you, the manager, or someone else senior is particularly skilled at it. I would love to collaborate more, take on some of their tasks, and receive mentorship and coaching to grow in that area.

▶ 자신의 성장 욕구를 표현하면서도 팀에 도움이 될 수 있음을 어필합니다.

커리어 성장의 기회로 활용하자

지금 하는 일이 지루하다고 느껴진다는 것은 이 직무가 나와 맞지 않거나 새로운 도전을 해 보고 싶은 것일 수 있습니다. 그럴 때는 단순히 '지루하다'는 표현을 하기보다는 '더 배우고 싶다'는 적극적인 자세를 보여 줄 기회로 삼아야 합니다. 커리어의 주인은 나 자신입니다. 자신이 원하는 방향을 정확히 알고 이를 명확하게 표현하는 것이 커리어를 발전적으로 이끌어 나가는 데 도움이 됩니다.

상사는 팀원이 성장하기를 바라지만 어떻게 도와줘야 할지 잘 모를 때가 많습니다. 따라서 구체적으로 '내가 하고 싶은 것'을 알리세요. 어떤 역할을 원하는지 명확히 표현하세요. 그러면 새로운 기회를 얻을 확률도 높아집니다.

그건 하고 싶지 않은데요
I don't want to do that

1. 저를 참여시켜 주셔서 감사해요. 하지만 제가 이 프로젝트에 적절한 인재인지 확신이 서질 않네요. 이 업무를 처음부터 끝까지 맡을 수 있는 역량과 여유가 있는 분이 있을까요?
Thank you for looping me in. I just want to make sure this project gets the attention it deserves. Who else might have the bandwidth and the skill set to own it end to end?

▶ 일을 회피하는 느낌을 주지 않으면서 적절한 담당자를 찾는 방향으로 유도합니다.

2. 저는 현재 ○○ 프로젝트에 집중하고 있습니다. 이 업무에 적절한 분을 찾도록 도와드릴 수 있어요.

I'm currently focused on high-priority projects — you could even name-drop like "CEO's initiative." I'm happy to help identify someone else who might be able to take this on.

▶ 현재 맡은 일의 중요성을 강조하며 대안을 모색하는 데 도움을 주는 자세를 보여 줍니다.

3. 제 업무량이 꽉 차 있긴 하지만, 제 담당 업무와 회사의 우선순위를 다시 정렬한다면 논의할 의향이 있습니다.

My workload is full right now, but I'm happy to have a conversation about all the projects on my plate to better align my work with the company's priorities.

▶ 업무가 많다는 것을 전달하면서도 조정의 여지를 남깁니다.

현명하게 거절하는 법

당신의 시간과 커리어는 스스로 지켜야 합니다. 자신을 적극적으로 어필하세요. 많은 사람들이, 특히 아시아 여성들이 주어진 일을 묵묵히 잘하면, 요구받은 모든 일을 해내고 추가 업무까지 도맡아 밤낮없이 일하면 승진할 거라고 생각하지만 현실은 다릅니다. 모든 요청에 '네'라고 하면 시간이 많다고 오해받고 결국 이용당할 수 있습니다.

거절할 때는 '우선순위'와 '업무 영향력' 관점에서 접근하세요. 그냥 "안 할래요"라고 말하는 게 아니라 "이 업무에 더 적절한 담당자를 찾는 것이 중요하다"는 프레임을 활용하세요.

영향력 있는 사람이 되면
직함은 따라온다

"저는 언젠가 CMO(최고마케팅책임자)가 되고 싶습니다. 제가 어떤 점을 보완해야 그 자리에 이를 수 있을까요?"

"음, 그런데 왜 CMO가 되고 싶으세요?"

한때는 모든 것이 명확했다. 언젠가는 영향력 있는 대기업의 CMO가 되는 것. 전 메타 CMO 게리 브리그스 Gary Briggs에게 이와 관련해 멘토링을 요청한 적이 있다. 그는 내 질문에 대한 답은 제쳐 두고 대뜸 왜 CMO가 되고 싶냐고 반문했다. 그 순간 머리를 한 대 맞은 것 같은 느낌이 들었다. 나는 그동안 '왜' 그 목표에 도달하고 싶은지 고민해 본 적이 없다는 것을 깨달았다. 그저 마케팅을 해 왔으니 앞으로도 그 분야의 최고가 되어야 한다는 관성적 사고를 하고 있던 것이다.

MBA 과정 중 만난 몇몇 동료가 떠올랐다. 그들은 그리 대단하지 않은 경력이나 능력을 갖고도 회사를 창업하고 CEO를 하고 있었다. 잠깐, 나는 왜 내가 갈 수 있는 최대치가 CMO라고 생각했을까? 스스로 한계를 정하지 말자고 다짐해 놓고 나도 모르게 내 경력의 정점을 한정하고 있었다.

다시 생각해 보니 CMO가 정말 최고의 자리일까, 그게 내가 만족할 만한 직업적 성취일까 의문이 들었다. 내 분야의 임원이 되면 평균 2~3년 정도의 짧은 임기를 갖는다. 회사가 잘되면 제품이 좋아서 잘된 것이고, 잘 안 되면 마케팅 문제로 치부되는 것을 그동안 수없이 많이 봐 왔다. 이런 현실에서 마케팅 수장 자리에 오른다고 내 능력을 온전히 활용하고 인정받을 수 있을까?

타이틀보다 중요한 것

인생의 풍파를 겪고, 또 어느 정도 경제적 여유가 생기면서 나는 커리어 목표를 다시 설정했다. 돈은 쉽게 잃기도 하고 쉽게 들어오기도 한다. 직장인으로서 얻는 근로 소득은 한계가 있기에 결국 자산 관리가 중요하다. 그러니 연봉을 올리고 높이 올라가는 일에 집중하기보다는, 지금까지 내가 가진 것을 관리하는 체계를 만들어야겠다고 생각했다. 직함보다는 임팩트를 남기는 사람, 그리고 가치를 창출하는 사람. 내가 도달하고자 하는 커리어의 핵심은 '어떤 타이틀'을 획득하느냐가 아니라 '어떤 영향력'을 끼치느냐에 있다는 것을 깨달았다.

물론 승진은 무의미하지 않다. 승진은 단순히 지위가 상승하는 것 이상의 가치가 있다. 승진하기까지의 과정에서 얻는 경험과 지혜는 값지다. 어떤 목표를 향해 끊임없이 노력하고 그에 대한 보상과 함께 책임을 부여받는 일은 인생에 큰 의미가 있다. 승진을 하기 위해 무엇을 어떻게 노력해야 하는지를 익히고 실행하는 것도 가치 있는 스킬이다.

예를 들어 최신성 편향Recency Bias*을 이용해 성과 평가를 자신에게 유리하게 만드는 전략도 중요하다. 만약 인사 평가 기간이 7월이라면 1~2월에 잘했던 일보다 5~6월에 잘한 일이 더 기억에 남을 것이므로 이 기간에 좀 더 전력을 다해 일해 볼 수 있다. 또 자잘한 일을 10가지 잘하는 것보다 굵직굵직한 프로젝트 2~3개를 잘 해내는 것이 성과 평가에 유리하기 때문에 업무 에너지를 효율적으로 분배하며 '시간만 뺏기고 성과 평가에 유리할 것도 없고 배울 것도 없는' 업무는 거절

---

* 오래된 정보보다 최신 정보를 더 중요하게 여기는 경향.

할 줄 아는 것 역시 중요한 스킬이다.

자신의 성과를 잘 정리해서 어필하는 능력도 중요하다. 내가 지난 분기에 무엇을 했고 어떤 성과를 냈으며 어떤 기여를 했는지 잘 요약하고 표현하는 것. 이것은 창업을 한다 해도 꼭 필요한 능력이다. 회사 설명을 구구절절하는 게 아니라 간결하고 명료하게 전달할 줄 알아야 하니까. 매우 바쁘고 중요한 사람에게 내가 하고 있는 일이나 최근에 잘한 일에 관해 엘리베이터 피치*를 해야 하는 상황이 와도 순발력 있게 대응할 수 있으려면 회사에 소속된 상태에서 필요한 스킬들을 잘 익혀 놓는 게 좋다.

결국 성과 평가에서 '나'라는 브랜드를 팔기 위해 소구점을 알리는 것이다. 나아가 나와 인연이 닿은 모두가 나를 그들의 네트워크에 어떻게 소개할 수 있을지를 생각한다. 이를 테면 '나'라는 브랜드의 태그 라인을 각인시키는 일이기도 하다.

---

* 어떤 상품, 서비스, 혹은 기업과 그 가치에 대해 빠르고 간결하게 요약해 설명하는 것. 엘리베이터를 함께 타고 있는 짧은 시간 동안 상대방에게 핵심 내용을 전달한다는 개념에서 유래되었다.

커리어는 삶과 분리되어 있지 않다

이혼을 하며 한화 1억 2천만 원 정도의 신용카드 빚을 진 적이 있다. 많은 돈이 부동산에 묶여 있어 당장 현금을 마련할 수 없는 상황에서 변호사 비용과 아이 학비, 생활비, 각종 세금 등이 계속 빠져나갔다. 나중에 그 상황을 극복하고 나니, 돈은 정말 쉽게 들어오기도 쉽게 나가기도 한다는 걸 깨달았다.

이렇게 힘든 일을 겪고 나니, 돈보다도 주변 사람들에게 어떤 영향을 미치는 사람으로 남을지 고민하게 됐다. 나의 10년, 20년 후를 상상했을 때 특정 직함보다는 어떤 가치를 추구하고 어떤 임팩트를 남길 것인지에 초점을 맞추고 싶었다.

메타의 전 COO 셰릴 샌드버그의 삶에서 나는 많은 영감을 얻었다. 그는 대학교 졸업 후 세상에 좋은 영향을 남기고 싶다는 마음으로 당시 세계은행World Bank의 수석 이코노미스트 밑에서 연구 조교로 근무했다. 이후 구글을 거쳐 메타에서 일하면서 그는 세상에 더 큰 영향력을 미치게 된다. 인도에서 수많은 여성들이 페이스북에 올린 사진을 도용당해 수치스러운 일을 겪는다는 사실을 알게 된 샌드버그는 '프로필 잠금Profile Lock'이라는 제품을 개발하게 하여 여성들을 디지털 테러로부터 지켜 냈다. 나 역시 그처럼 자신의 지위와 네트워크를 이용해 많은 사람들에게 도움이 되고 비즈니스도 잘 해내는 사람이 되고 싶었다.

궁극적으로 커리어 계획은 가치에 기반해야 한다. 나에게 가장 의미 있는 것은 무엇인가? 내 삶에서 가장 가치 있는 것은 무엇인가? 나는 어떤 문제를 해결하는 사람이고 싶은가? 나는 어떤 성취를 남기고 싶은가? 이런 질문들이 목표 설정의 출발점이 되어야 한다.

게리 브리그스는 바쁜 일정 속에서도 주니어 직원과 대화하는 시간을 내는 여유가 있었다. 그의 삶은 숨 막히게 치열하지 않다. 다른 사람의 성장을 돕는 리더십, 업계에 남기는 긍정적인 영향력과 여유. 이런 면모야말로 직함 너머의 진정한 가치이자 자산일 것이다.

한 가지 당부하고 싶은 말은, 커리어와 삶을 완벽하게 분리시키려 하지 말라는 것이다. 사람들은 종종 커리어와 삶을 분리해 이것과 저것 중 하나를 선택하려다가 둘 다 놓치는 함정에 빠진다. 나는 이혼이라는 인생의 큰 전환점을 겪으면서 내 삶에서 진정으로 중요한 것이 무엇인가 깊이 고민했다. 그동안 일터에서 성장하기 위해 달려온 나와, 가장으로서의 나를 직렬로 놓았던 것은 아닌가 하는 생각이 든 것이다.

실제로 삶의 많은 요소가 유기적으로 얽혀 병렬로 구성되어 있다. 커리어 역시 직선으로 이어지지 않는다. 그러니 삶을 좀 더 입체적인 관점에서 바라보고 자신이 원하는 삶을 구체적으로 그리며 당신만의 포트폴리오를 만들어 나가길 바란다.

전남편의 이혼 변호사를
고용하고 싶었다

전남편과 이혼 과정을 거치면서 가장 빡쳤던 지점은 그의 이혼 변호사가 일을 너무 잘했다는 것이다. 어찌나 교묘하면서도 예리하고 날카롭게 빈틈을 파고드는지 얄미워 죽을 뻔했다. 본인들이 불리할 땐 판사 앞에서 선한 척을 하며 '법적 근거가 없다'며 연기도 매우 잘했다. 분통이 터지는 와중에 내가 만약 이혼을 또 하게 된다면(그럴 일은 없어야겠지만) 저 변호사를 고용하고 싶다는 생각을 했다. 상대측 입장에서는 재수 없지만, 내 편일 땐 천군만마를 얻은 기분일 것이다.

비즈니스 스쿨에서 인상 깊게 들었던 '협상 Negotiation'이라는 수업에서 처음으로 모의 협상을 하고 서로를 평가하는 일을 경험했다. 모의 협상에서 나는 할리우드 영화 제작사, 상대방은 감독 역할을 맡았다. 제작사의 목표는 수익을 극대화하는 것, 감독의 목표는 예술적인 가치를 높이는 것이었으므로 서로 조율이 필요했다. 예를 들면 주연 배우 캐스팅 문제로 협상할 땐 세 가지 옵션 중 하나를 선택해야 했는데, 옵션마다 서로가 받는 점수가 달랐다. 여기서 나는 우리 클래스에서 가장 높은 점수를 받았다. 제작사에 유리한 옵션을 거의 다 가져왔기 때문이다.

예상할 수 없는 일은 협상이 끝난 후 상대방에 대한 평가를 내리는 과정에서 벌어졌다.

"Would you want to negotiate with this person again?(이 사람과 다시 협상하고 싶으신가요?)"

나의 협상 상대는 나와 다시는 협상하고 싶지 않다고 했다. 이유는 자기가 원하는 것을 거의 못 가져갔기 때문에. 나는 그때 큰 배움을 얻었다. 눈앞의 이익에 눈이 멀어 본인만 잘 되는 협상을 하면 업계에서 오래 가지 못한다는 것을 말이다.

나는 가능한 한 모두에게 이익이 되는 일을 하는 사람, 상대가 적이라도 함께 일하고 싶은 마음이 드는 사람으로 기억되고 싶다. 지금도 협상할 때 이 질문을 떠올린다. "나는 장기적으로 함께 일하고 싶은 사람인가?" 여러분이 회사에서 어떤 사람으로 자리 잡아야 할지, 어떻게 관계를 맺어야 할지 고민된다면, 바로 이런 사람이 되라고 말하고 싶다. '누구나 함께 일하고 싶어 하는 사람' 말이다.

일 잘하는 사람의 진짜 조건

내가 생각하는 '누구나 함께 일하고 싶어 하는 사람'이란 일단 기본적으로 '일을 잘하는 사람'이다. 여기서 잘 생각해 봐야 할 점은 일을 '잘한다'는 것이 가진 의미와 맥락이다. 주어진 일만 기계처럼 잘하는 사람과, 주도적으로 일을 만들어 가며 성과를 내는 사람은 둘 다 '일을 잘하는 사람'으로 평가 받을 수 있을지는 몰라도, 둘 중 하나는 '같이 일하고 싶은 사람'이 아닐 것이다.

이 사람과 일하면 즐겁고 생산적인가? 같은 목표를 향해 달려간다는 동지애를 느낄 수 있는가? 서로를 존중하고 존경하는가? 서로가 대립하는 팀에 소속되어 있음에도 같이 일하고 싶은 사람인가? 퇴근 후 맥주 한잔하며 더 알고 싶은 사람인가? 내가 회사를 차리게 됐을 때 비싼 돈이나 지분을 주고서라도 꼭 데려오고 싶은 사람인가? 이런 질문에 '예스'라고 답할 수 있는 사람은 진정으로 일을 잘하는 사람이다.

그리고 일을 잘하는 사람이란 누군가에게 '필요한 사람'이다. 나의 경우, 어딜 가든 상사와 특히 대화를 많이 하고 친근한 관계를 유지했다. 그럴 수 있었던 건 결국 내가 그들이 잘

될 수 있도록 도와주는 사람이었기 때문인 것 같다.

만약 상사가 잘 지내야 하는 누군가와의 관계 때문에 힘들어한다면, 사내 네트워크를 총동원해 정보를 물어다 주며 그들이 좋은 관계로 지낼 수 있도록 도왔다. 상사보다 내가 회사에 더 오래 있었다면 사내 정보를 발 빠르게 전해 줬다. 이처럼 업무와 직접적인 관련이 없더라도 일하기 편한 환경을 만들어 주는 것 또한 그 사람의 일을 쉽게 만들어 주는 것이다. 나의 상사 중에는 그 힘들다는 레벨7* 에서 디렉터로 승진한 사람이 여럿 있다. 그들을 보며 나는 보람을 느꼈다. 결국 상사를 승진시켜 주는 직원은 본인도 승진한다.

내 일을 쉽게 만들어 주는 팀원을 마다할 사람이 있을까? 상사에게도 고충은 있을 테니 어떤 부분에서 곤란을 겪고 있는지 잘 관찰해서 그들의 일을 덜어 준다면 당신은 회사 내에서 늘 '필요한 사람', '문제를 해결해 주는 사람', '어려운 일을 쉽게 해 주는 사람' 즉, 린치핀Linchpin** 이 될 것이다.

---

* 메타와 구글 등 테크 회사 내 직무 등급 시스템으로, 직무 난이도·책임·급여 수준 등을 구분하는 기준. 메타 기준으로 레벨7은 수석 스태프, 레벨8은 디렉터급 이상(상무급)의 직급을 말한다.

** 원래는 바퀴가 축에서 빠지지 않도록 고정하는 핀을 말하지만 세스 고딘Serth Godin이 집필한《린치핀》에서 작지만 핵심적인 부품이라는 특성에 집중하며 자기계발 개념으로 확장되었다. 조직이나 공동체에서 없어서는 안 될 핵심 인물, 즉 '대체 불가능한 사람'을 비유적으로 나타낼 때 쓰인다.

마음을 열어 둘 것

회사에서 나의 입지가 기능적으로 '필요한' 사람에만 머문다면 조금 서운할지도 모르겠다. 개인적으로는 회사에서 만난 사이라도 친구가 될 수 있다고 생각한다. 사람마다 친구의 정의는 다르겠지만, 적어도 서로를 편하게 대할 수 있는 관계까지는 열어 두는 것이 커리어에도 좋다.

직장 내 위계를 걱정하며 '내가 먼저 다가가도 될까?' 하며 망설이지 않아도 된다. 먼저 손 내미는 사람의 손을 걷어차는 사람은 별로 없다. "오늘 점심 같이 드실래요?"라는 간단한 제안도 놀라운 관계의 시작점이 될 수 있다. 회사에서 저녁이나 커피 한잔하자는 사람을 마다하는 사람은 별로 없다. 특히 상사의 경우, 특정 직원만 편애하는 것처럼 보일까 봐 먼저 다가가지 못하는 경우가 있기 때문에 팀원이 먼저 교류의 기회를 만들어 주면 좋다.

회사에서 우리는 어느 정도의 감정 노동을 수행한다. 때로는 기분이 좋지 않아도 미소 지어야 하고, 동의하지 않는 결정에도 협조적인 태도를 보여야 한다. 받아들일 수밖에 없는 현실이다. 이런 가운데 우리가 회사 동료나 상사와 이상적인 관계를 맺는다면 감정 노동을 최소화할 수 있다. "오늘 컨디션이 좋지 않은데요, 혹시 미팅을 미뤄도 될까요?", "이런 점근 방식에는 동의하기 어렵네요" 같은 말을 솔직하게 주고받을 수 있는 환경이라면 쓸데없는 감정 노동을 덜 하고 좀 더 즐겁게 일할 수 있을 것이다.

서로가 인간이라는 사실을 잊지 말 것

사무실을 벗어나면 우리는 모두 다양한 삶의 이야기를 가진 개인이다. 때로는 개인적인 차원의 연결이 업무 관계보다 더 강력한 유대를 형성한다. 전에 함께 일했던 매니저와 나는 가족끼리 친분을 유지하고 있다. 그의 가족을 집으로 초대해 함께 식사하면서 서로의 전문 영역에서 시너지를 발견하기도 했다. 이런 관계는 단순한 직장 동료를 넘어 서로의 성공을 진심으로 응원하는 관계로 발전한다.

사람들이 가진 흔한 오해 중 하나는 '공통의 적'이 사람들을 강력하게 결속시킨다는 것인데, 이것은 반은 맞고 반은 틀린 말이다. 단기적으로는 효과가 있다. "저 답답하고 무능한 상무 때문에 우리가 다 고생한다"는 식의 공감대는 일시적인 연대감을 형성한다. 그러나 진정으로 지속 가능한 관계는 긍정성에서 비롯된다. 공동의 목표, 가치, 그리고 서로의 성장을 통해 만들어 가는 미래가 더 강력한 결속을 만든다.

실제로 나와 지금까지 오래 관계를 유지하는 '전 직장 동료'에서 '친구'가 된 사람들은, 모두 사람 보는 눈이 없는 리더 밑에서 일한 몇 안 되는 '일잘러'들이었다. 나는 그들과 마치 사랑에 빠진 것처럼 쿵짝이 잘 맞아 신나게 일했다. 서로의 고충을 이해했고, 업무 이해도가 낮은 사람들을 다루는 방법을 공유하며 더욱 끈끈해졌다. 일하기 쉽지 않은 환경에서 만났지만 긍정적인 자세로 같은 목표를 향해 나아갔고, 그 과정에서 서로의 성장을 독려했기에 친구로 발전할 수 있었다. 이들과는 지금도 서로 도움이 되는 정보를 공유하고 칭찬을 아끼지 않는 관계로 성장하고 있다.

기업의 경쟁적인 환경은 때로 협력과 성장의 가능성을 잠식시킨다. 그렇지만 회사는 서바이벌 경연장이 아니다. 누군가의 성공이 반드시 다른 누군가의 실패로 이어지거나, 누군가 져야 내가 이기는 제로섬 게임도 아니다. 성과를 내기 위해 정신없이 달려가다 보면, 함께 호흡하며 일하는 이들이 단순한 직함을 넘어 한 인간이라는 사실을 잊기 쉽다. 회사라는 공간은 단지 업무 수행만을 위해 제공된 물리적 장소가 아니라 복잡한 인간관계로 얽힌 거대한 생태계다.

그 안에는 다양한 배경, 성격, 업무 스타일을 가진 사람들이 있다. 어떤 사람은 직설적이고, 어떤 사람은 신중하다. 어떤 사람은 창의적이고 어떤 사람은 구조화에 능하다. 이런 다양성을 열린 마음으로 받아들이고 "왜 저 사람은 나처럼 일하지 않지?"라고 생각하는 대신 "저 사람한테 내가 배울 수 있는 것은 무엇일까?"라고 생각해 보자. 회사 안에서의 인간관계라고 해서 특별히 다를 것도 없다. 인연에 적용되는 상식은 어디서나 통한다.

사람을 읽어야
일을 잘 시킬 수 있다

"저는 여러분이 갈 데가 없어서 우리 팀에 있는 걸 원치 않아요."

메타에서 팀장이었을 때 나는 팀원들에게 이렇게 말했다. 메타에서 근무한다고 하면 보통 링크드인 같은 네트워크를 통해 다양한 곳에서 러브콜이 온다. 그럴 때 누가 알아주지도 않는 충성심으로 회사에 남아 있지 말라는 의미였다. 만약 지금보다 더 좋은 회사, 더 좋은 조건, 더 좋은 기회를 받았다면, 그곳이 궁극적으로 본인이 하고 싶은 일과 더 관련된 분야라면 진심으로 축하해 줄 것이다.

나는 팀원이 다른 회사 면접을 봤는데 오퍼를 받지 못했을 시 (본인이 원하는 만큼) 면접에서의 경험을 나에게 귀띔해 달라고 한다. 자신의 어떤 부분이 부족했는지 감이 오는 부분이 있을 테니, 다음에 그런 기회가 주어졌을 때 확실히 개선할 수 있도록 함께 고민해서 계획을 짜 보자는 뜻이다. 이건 우리 팀원이 자신의 능력을 더 효과적으로 발휘할 수 있도록 돕는 방법 중 하나다. 이런 면담을 통해 팀원의 생각과 능력을 정확히 파악해서 그가 더 잘하고 싶고 발전하고 싶은 분야의 업무를 주면 훨씬 더 의욕적으로 일하게 되지 않겠나.

동료의 성장을 도우면 좋은 점

실제로 팀원 중 퍼포먼스 마케터에서 프로덕트 디자이너로 이직한 친구가 있다. 그 친구는 취미로 사진작가 활동을 할 정도로 디자인에 관심이 많고 안목이 좋았다. 그는 프로덕트 디자이너로 전향하고 싶어 했지만 메타에서는 기회를 잡기가 쉽지 않았다. 대신 우리 팀에 있는 동안 디자인 관련 업무는 이 친구가 모두 도맡았다. 광고에서 가장 중요한 '광고 소재'의 디자인을 이 친구가 담당하도록 배정하자 우리 팀에는 '디자인'이라는 새로운 강점이 생겼고, 그 친구는 디자인 포트폴리오를 쌓을 수 있어 윈윈이었다.

나는 그의 성장을 위해 메타와 메타 밖에 있는 디자이너 친구들과 일대일 커피 챗을 주선하기도 했다. 그는 결국 더 작은 스타트업에서 디자이너 오퍼를 받을 수 있게 되었다. 물론 내 팀에 속해 있는 동안은 내가 바라는 모든 것들을 열심히 해냈다.

보통 다른 일을 하고 싶다는 팀원은 팀장의 눈 밖에 나는 일이 많지만, 나는 오히려 우리 팀에 있는 동안에는 최대한 그의 다양한 능력을 뽑아내려고 애썼다. 그게 내가 할 일이라고 생각했다. 인간적으로 팀원의 성장을 도우면 결국 그 또한 좋은 영향력으로 돌아온다.

'어떻게 하면 일을 잘 시킬 수 있을까?'

지금까지는 내게 주어진 일만 열심히 해내면 그만이었는데, 리더라는 직책을 맡으면 많은 것이 달라진다. 팀의 구성원들 모두를 속속들이 파악하고 분석할 필요가 생긴다. 업무의 실행과 성과를 팀 단위로 고려해야 하고, 팀원들이 각자 맡은 일을 잘 해낼 수 있도록 업무를 조율하고 독려할 수 있어야 한다. 이 과정에서 초보 팀장들이 가장 혼란스러워하는 부분이 바로 '업무 분장'이다.

'일을 잘 시키는 일'은 생각보다 쉽지 않다. 팀원이 일을 못하면 대개 그들의 능력이나 자질을 문제 삼곤 하는데, 사실 일을 제대로 시키지 못해서 팀원들의 능력을 최대치로 끌어올리지 못하는 경우도 많다. 리더가 되면 팀원에게 일을 나눠주는 것에서 그칠 게 아니라, 알맞은 일을 적절한 사람에게 분배할 줄 알아야 한다. 더 나아가 이 일을 잘 해내는 게 당사자에게 어떤 점이 좋은지 잘 이야기할 줄도 알아야 한다.

사람마다 원하는 삶의 방식이 다르다

실력 있는 관리자는 사람을 들여다보는 일부터 시작한다. 팀원 각각의 면모를 세심하게 파악하여 그들이 잘하는 것, 하고 싶어 하는 것, 그리고 어떤 보상을 추구하는지 파악한다.

내가 처음 매니저가 되었을 때, 나는 팀원들이 전부 나처럼 C레벨이 되고 싶어 하는 줄 알았다. 빨리 승진하고 임원이 되어 더 많은 연봉을 받아 부자가 되는 삶을 꿈꾸리라 생각한 것이다. 하지만 모든 사람이 꼭대기에 올라서고 싶어 하면 세상이 잘 돌아갈까? 세상에는 너무나 다양한 삶이 있고 꿈이 있고 행복이 있었다.

어떤 사람은 지금 받는 연봉으로 만족하며 9 to 5의 삶을 지키고 싶어 하고, 어떤 사람은 자신이 열정을 갖는 일에 몰두하면서도 적절한 휴식을 취하는 삶을 원한다. 실제로 내 팀에 있던 브라질계 팀원은 월요일 연휴를 앞둔 주말이면 남편과 해외여행을 다니는 등 인생을 정말 재미있게 살았다(그렇다고 이 친구가 일을 대충 하는 것도 아니었다).

"저는 살기 위해 일하지, 일하기 위해 사는 사람이 아니에요. 저에게 주어진 일을 하고 그에 상응하는 돈을 받지만, 남들보다 일찍 승진하기 위해 아등바등 살고 싶지 않아요. 밤늦게까지 컴퓨터에 매달리는 삶은 제가 원하는 것이 아니에요."

그는 나에게 큰 가르침을 준 팀원이다. 모두가 남들보다 빠르게 승진하고 싶어 하고, 중요하고 어려운 프로젝트만 하고 싶어 한다면, 평범하고 재미없어도 누군가는 해야 하는 일을 누구에게 맡길 수 있을까? 이렇게 나는 매니저가 되면서 팀원들이 원하는 삶의 방식을 존중하는 게 팀의 능력치를 최대로 끌어올리는 일이라는 걸 깨달았다.

나는 팀원들을 파악할 때 가장 중요한 기준을 다음과 같이 세웠다.

'어떤 방식으로 보상받길 원하는가?'

사람마다 얻고 싶어 하는 보상의 모양이 다르다. 인센티브는 팀원들에게 중요한 동기 부여가 되기 때문에 그들이 어떤 방식으로 보상받기를 원하는지 파악하는 것은 아주 중요한 업무다. 나는 팀원들과 자주 소통하면서 어떤 때에 존중받는 느낌이 드는지 물었다.

"저는 공개적으로 제 공로를 인정받는 게 좋아요."

"저는 그냥 보너스를 많이 받으면 좋겠어요."

"상사가 저에게 피드백을 많이 줄 때 존중받는다는 느낌이 들어요."

"일대일로 칭찬해 주실 때 감사한 마음이 들어요."

이렇게 그들의 성취감을 극대화시킬 보상 방식을 파악해 두면 어떤 프로젝트를 누구에게 맡겨야 할지, 이 업무를 개선하기 위해서 어떤 팀원을 투입하는 게 좋을지 판단하기가 쉬워진다.

앞서 말한 워라밸을 매우 중시하며 여행을 좋아한 팀원에게는 지나치게 업무 우선순위가 높고 긴급하게 처리해야 할 일이 아닌, 변동성이 적고 꾸준히 처리해야 하는 일을 주었다. 반면 빨리 승진하고 성공하고 싶어 하는 성취 지향적인 유형의 팀원에게는 업무량도 많고 도전적이지만 리워드가 확실한 프로젝트에 배정했다. 그러면서 '이 일은 업무량도 많고 진짜 힘들 것이다. 하지만 빨리 승진하고 싶어 하는 당신의 니즈에 맞는 일이라고 생각해 배정하는 거'라며 응원의 말을 건넸다.

어떤 팀원은 자존감이 낮아서 본인이 잘하지 못하는 일에 도전하는 걸 두려워했고, 쓴소리를 하면 매우 불안해하며 눈물을 보였다. 그는 아마 경쟁적인 분위기의 회사에서 오래 버티지 못하겠지만, 우리 팀에 있는 동안만큼은 이미 잘하고 있는 분야의 업무를 주려고 최대한 노력했다. 이건 착한 매니저의 배려가 아니라 똑똑한 매니저의 전략이다. 팀원들과 항상 소통하고 그들의 성향과 지향점, 자질 등을 파악하고 그에 맞는 업무를 배정하는 것은 팀장이 해야 할 당연한 일이다. 제한된 인력에서 최대의 성과를 이끌어 내는 것이 팀 성과의 핵심이기 때문이다.

개선하는 과정은 과해도 괜찮다

"The video call link in the invite never works(화상 미팅 초대 링크가 안 열려요)."

벌써 몇 주째 상무의 비서가 보내 온 줌 미팅 링크가 안 열렸다. 세계 각국의 지사들이 참여하는 미팅인데, 그 많은 사람들의 시간을 매주 10분씩 낭비하고 있다는 게 슬슬 짜증이 났다. 나는 비서가 링크의 오류를 모르고 있는 건 아닌가 싶어 초대 링크가 안 열린다는 메시지를 보냈다. 그런데 상무를 통해 돌아온 피드백은 '소라 씨는 말을 너무 싸가지 없게 한다'는 것이었다. 아니, 뭐라고? 상식적인 사람이라면 '알려 줘서 고마워요'라고 반응해야 정상 아닌가?

며칠 뒤 상무는 나에게 말을 조금 부드럽게 하는 게 좋겠다는 조언을 했다. 그러니까 그런 상황에서는 "Could you please check this link again? I don't know if I'm stupid, but it doesn't work for me(링크를 다시 한번 확인해 주실 수 있을까요? 제가 바보라서 그런지 모르겠는데, 저한텐 열리지 않아요)."라고 말하는 게 좋다는 것이다(이모지까지 써서!).

"줌 미팅 링크를 생성하는 아주 간단하고 기본적인 일조차 몇 주째 제대로 하지 못하고 있는 직원에게 제가 그렇게까지 말해야 한다고요?"

"본인보다 낮은 직급의 사람일수록 자존감이 낮고 자격지심이 있을 수 있기 때문에 좀 더 신경 써서 이야기해야 해요."

이 일화로 배운 건, 내가 이 팀에 맞지 않다는 것이었다. 특히 나처럼 수많은 장벽을 뚫고 비자를 발급받아 이 자리에 앉아 있는 사람으로서는 정말 이해하기 어려웠다.

하지만 이 팀의 소통 방식과 문화가 그렇다고 하니 어쩔 수 없었다. 일단 이 팀에 있는 한, 그 장단에 맞춰 춤을 춰야 한다. 상무에게 좋지 않은 인상을 남겨 봤자 좋을 건 없다. 내 방식을 좋아하지 않는다는데, 계속 그걸 고집하면 손해 보는 건 나뿐이다. 그리하여 내가 사무적으로 소통하는 사람이라는 이미지를 바꿀 필요가 있었다. 나는 이후 상무의 비서에게 친근하게 다가가 스몰토크도 하고 웃는 얼굴로 농담도 하며 지냈다. 일부러 상무가 보는 앞에서 '저 이 사람과 관계가 괜찮아요!'를 확실하게 보여 준 것이다.

가끔은 개선점이 필요한 팀원에게 나는 이런 조언을 한다.

"무언가를 개선할 때는 평소보다 과장되게, 과하게, 오버해서 보여 줄 필요가 있어요."

이것은 팀장도 마찬가지다. "내 팀원 A가 이 부분을 잘하지 못했는데 저의 코칭으로 개선할 수 있었습니다"라는 성공 신화를 보여 주는 것은 팀장에 대한 긍정적 평가로 작용한다. 단점을 개선하기보다 장점을 강화하는 게 더 좋은 방향이라고들 하지만, 팀원이 가진 약점이 다소 크리티컬하다면 분명 개선도 의미 있다.

나의 경우 왜 당신의 약점이 회사에서 문제가 되는지, 어떻게 고쳐 나가야 할지 분명하게 이야기해 주는 편이다. 일단은 당사자가 문제를 정확하게 인식하는 게 중요하다. 이런 대화가 있기 전 가장 중요한 단계는, 그에 대해 공부하는 것이다. 즉, 그의 커리어 지향점을 파악한다. 예를 들어, 관리자급으로 올라가고 싶어 하는데 경영진과의 의사소통 능력이 약한 팀원에게 나는 단호하게 이야기했다.

"A 씨, 언젠가 ○○ 분야로 가고 싶다면서요. 이렇게 기본적인 걸 못 하면 그거 절대 못 해요. ○○ 분야로 가는 걸 포기하든지, 지금 이를 악물고서라도 배우든지 결정하세요."

"저는 꼭 이 분야로 가고 싶어요. 팀장님이 그 부분을 잘하시니까 저에게 많은 피드백을 주셨으면 합니다."

이렇게 서로 동의가 되면 비로소 그의 성장이 시작된다. 바쁜 임원들에게 항상 장황하면서도 요점 없는 메일을 보내던 그는 앞으로 자신이 보내는 이메일을 아예 다 고쳐 달라고 했다. 실제로 나는 그와 함께 이메일을 하나하나 수정하면서 왜 이렇게 써야 하는지를 차근차근 설명해 줬다. 그러자 그의 이메일은 훨씬 나아졌고 나중에는 내 조언 없이도 훌륭하게 메일을 쓸 수 있게 되었다. 그는 결국 원하던 팀에서 팀장이 되어 일하고 있다.

가끔은 조직의 불합리한 환경이나 인물이 팀원의 에너지를 소진시키는 경우도 있다. 그럴 때는 현실을 제대로 알려 주면서 심정적으로 지지해 줄 필요가 있다.

"B 씨, 저도 이 상황이 정당하다고 생각하지 않아요. 진짜 불합리하다고 생각하지만 우리가 이 조직에 있으니 맞출 수밖에 없는 부분이 있잖아요. 그가 이런 능력을 중시하는 사람이니 이 팀에 있는 한 B 씨도 그 능력을 키워야 해요. B 씨가 이직을 준비한다면 내가 막을 수 없겠지만 저는 적어도 B 씨가 이 조직 안에 있을 때만큼은 정당한 평가를 받기를 바라요."

이런 조언은 지지가 될 수도 있지만 신중하게 하는 게 좋다. 어떻게 보면 나의 상사나 조직 문화를 비방한다고 판단될 수도 있기에 훗날 문제가 될 수 있다. 언제 어떻게 화살로 돌아올지 모르니 글로 남기지는 말고 구두로 전달하자.

리더십이란 결국 사람을 움직이는 일이다. 가장 좋은 리더십은 그들이 스스로 움직이고 싶게 만드는 것이다. 그러니까 매니저는 언제나 팀원들에게 동기 부여를 할 줄 아는 사람이어야 한다. 팀원들과의 대화에 진심으로 귀를 기울이고 그들의 말과 행동에 숨겨진 패턴을 발견하며, 무엇보다 그들의 성장과 행복에 진심으로 관심을 가질 때 진정한 리더로 나아갈 수 있다.

장점을
발굴하는 기술

"소라는 '보이는 그대로' 소통하며 신뢰가 두터운 파트너십을 구축할 뿐만 아니라 어떤 정치적인 결과를 감수하더라도 올바른 해결책을 향해 나아가는 사람입니다."

넷플릭스를 다닐 때 함께 일한 상사가 링크드인에 남겨 준 코멘트다. 나는 종종 이 코멘트를 보며 생각에 빠진다. '보이는 그대로' 소통한다는 평가는 긍정적인 메시지일까, 사내 정치력이 부족하다는 메시지일까?

이 코멘트가 장점인지 단점인지는 내가 결정할 문제다. 이는 내가 어떤 사람이 되고 싶은지에 따라 달라질 것이다. 내가 만약 가면을 쓰는 게 힘든 사람이라면 솔직함을 강점으로 키우는 것이 좋다. 만약 좀 더 우회하는 방식으로 소통하고 싶다면 개선 방법을 찾으면 된다. 나는 이 코멘트를 긍정적으로 해석하기로 했다. 때로는 다른 사람의 시선을 통해 내가 알지 못했던 나의 강점을 발견할 수 있다는 가능성을 믿기 때문이다. 그리고 이런 나의 특성을 장점으로 받아들이는 조직에 가면 된다.

타인의 눈을 빌려 나의 강점을 찾아라

대부분의 사람들은 자기 객관화가 잘 되지 않는다. 누구라도 그럴 것이다. 지나치게 자기를 과시하는 사람보다는 자신의 능력을 평가 절하하거나 자신감을 잃은 사람을 특히 많이 보게 되는 것 같다. 마치 어둠 속에서도 흠집을 찾아내려는 듯 스스로를 부정적으로 바라보는 사람들을 볼 때면 눈앞에 밝고 환한 라이트를 켜 주고 싶은 마음이 든다.

때론 나의 강점을 찾기 위해 타인의 눈을 빌려야 한다. 내가 어떤 사람인지 알기 위해 끊임없이 나에 대해 몰두하는 것보다, 나를 지켜보는 주변 사람들의 의견을 들을 때 의외의 진실을 알게 될 때가 있다. 그런 의미에서 회사의 성과 평가는 당신이 귀담아듣고 직시해야 할 중요한 거울이라고도 할 수 있다.

타인의 평가를 직면한다는 건 사실 두려운 일이다. 그럼에도 여러분의 장점이나 강점을 발견할 수 있는 중요한 기회이기도 하다. 성과 평가에서는 표면적으로 칭찬 가득한 피드백이라도 그 행간에 개선점이 숨어 있기 마련이다. 그 행간과 맥락을 읽을 줄 아는 사람이 자신의 장점과 단점을 명확히 파악해 낸다.

메타에서 팀 워크숍을 진행할 때, '서로의 태그 라인(표어)을 지어 주자'라는 프로그램이 있었다. 본인을 제외한 팀원들의 장점에 대해 토론한 뒤, 그 사람이 하나의 브랜드라고 가정했을 때 어떤 핵심 가치를 부여할 수 있는지 정해 보는 것이다. 동료들이 내게 붙여 준 태그라인은 "I'll take you there(내가 거길 데려다주겠어)"였다. 그들이 본 나는 내가 생각하는 나의 본질과 정확히 일치했다. 실제로 나는 현재 사용 가능한 자원와 목표를 알려 주면, 그 목표에 도달하기 위해 가장 효율적인 방법을 찾아내는 슈퍼 파워를 가진 사람이었다.

나의 장점은 일상에서도 쉽게 찾을 수 있다. 예를 들어 친구들과 만날 식당을 고를 때 당신은 주로 어떤 역할을 맡는가? 주로 남들의 선택을 따르는 편인가, 아니면 식당을 적극적으로 탐색하고 추천하는 편인가? 만약 후자라면, 그리고 그 추천이 자주 성공해 친구들로부터 "네가 추천하는 식당이라면 틀림없이 맛집일 거야!"라는 말을 자주 듣는다면, 당신은 정보를 수집하고 잘 판단하는 강점을 가진 것이다. 이렇게 사소한 것도 장점이 될 수 있느냐고? 물론이다! 정보를 정확하게 검색하는 능력이 어디 맛집 찾기에만 국한될 것 같은가? 당신이 가진 '특징적인 장점'은 일상뿐만 아니라 삶의 어느 영역에서든 그 진가를 발휘한다. 정말이다. 그래서 나의 특징적인 장점이 뭔지 아는 게 정말 중요하다.

면접이라는 공짜 레슨

장점을 발견하는 또 다른 방법 중 하나는 면접이다. 나는 항상 면접은 공짜 커리어 레슨이나 마찬가지라고 주장한다. 면접에서 주로 맞닥뜨리는 질문들을 떠올려 보라.

"지금까지 해 온 것 중 가장 자랑스러운 일은 무엇인가요?"
"실패했던 경험과 그로부터 배운 점은 무엇인가요?"
"직장에서 갈등이 있었던 적이 있나요? 어떻게 해결했죠?"
"팀원이 일을 잘 못할 때 어떻게 해결하시나요?"
"당신을 꼭 채용해야 한다면 어떤 이유 때문일까요?"
"이직 또는 전직을 하고자 하는 이유가 뭔가요?"

면접에서 오고 가는 질문들은 대체로 어느 정도 정해져 있어서 예측이 가능하다. 어찌 보면 뻔한 질문이지만, 특별히 면접이라는 이벤트가 있지 않는 한 평소에 이런 질문에 대해 생각해 볼 기회가 별로 없기도 하다.

나는 이런 질문에 대한 답을 고민하고 정리하는 것이 자신을 알아가는 데 아주 중요한 수업이라고 생각한다. 질문에 대한 답을 고민하다 보면 자신이 어떤 경험에서 성취감을 느끼는지, 어떤 것을 잘해 왔는지, 어떤 부분에서 열정을 가졌는지 돌아보게 되기 때문이다.

이런 과정은 첫 데이트와도 유사한 점이 많다. 누군가와 첫 데이트를 한다고 할 때, 어떤 이야기를 나누면 눈이 반짝이고 신나는가? 나의 취미? 커리어? 그리고 상대가 어떤 이야기를 할 때 내 귀가 쫑긋 세워지는가? 이런 성찰을 통해 나는 나의 어떤 점을 마음에 들어 하고, 어떤 일을 더 하고 싶어 하고, 어떤 삶을 살아가고 싶어 하는지 알 수 있다.

면접이란 이 회사가 나와 잘 맞을지 파악함과 동시에 회사도 내가 이곳에 적합한 인재인지 분석하고 평가하는 자리다. 그러니 이런 기회를 자주 가질수록 자신에 대해 알아갈 기회도 는다. 이런 이유로 취업을 준비하는 사회 초년생이라면 수없이 많은 면접을 보고 낙방했더라도 실망하지 않기를 바란다. 이미 회사에 재직 중인 경우라면 이직의 기회가 왔을 때 크게 부담 갖지 말고 면접 제안에 응해 볼 것을 권한다. 나와 잘 맞는 회사와 매칭이 된다면 잘된 일이고, 혹여 결과가 좋지 않더라도 내가 어떤 사람인지 한 번 더 고민해 볼 수 있는 기회가 되었으니 잘된 일이다.

한국에서는 다른 회사, 특히 경쟁사의 면접을 봤다가 상사의 귀에 들어갈까 봐 불안할 수 있는데, 어지간히 자존감이 높은 상사라면 '그래, 그 일 잘하는 친구가 더 좋은 기회를 얻는다면 나는 진심으로 축하해 줄 수 있어'라고 생각할 것이다. 반대로 그런 일로 툴툴거리는 속 좁은 상사라면 그런 사람 밑에서 뭐 얼마나 대단한 걸 배울 수 있을지 솔직히 모르겠다. 이런 상황을 자연스럽게 넘기고 싶다면 "그쪽 회사에서 이러저러한 것을 제안하기에 한번 배워 보고 싶어서 지원했다"거나 "지금 직장도 너무 좋은데 저쪽 회사 전략은 뭔지 궁금해서 한번 만나 봤다" 정도로 이야기해도 된다.

자신의 강점을 발견하는 것은 시작에 불과하다. 진정한 성장은 그 장점을 인정하고, 그것을 더 효과적으로 활용하는 방법을 찾아가는 과정에서 일어난다. 솔직한 소통이 장점이라면 그 솔직함이 공격적으로 느껴지지 않도록 표현 방식을 다듬는 것이 필요하다. 이런 노력이 있을 때, 장점은 더욱 빛을 발한다.

나의 장점을 알아가는 방법

- **피드백 수집하기:** 동료, 상사, 친구에게 당신의 장점을 물어보라. 다양한 관계의 사람들에게 물어본다면 상황별로 발휘

되는 다양한 장점을 발견할 수 있다.

- **성취 경험 분석하기:** 내가 어떤 일을 하면서 성취감을 느꼈는지 반추해 보자. 그 경험들의 공통점은 무엇인지, 내가 어떤 역할을 맡았을 때 가장 빛이 났는지 패턴을 찾아보자. 회사에 다니며 가장 행복했던 날이 언제였는지 생각해 보자. 그 날이 왜 행복했는지 떠올려 보자.

- **열정과 몰입의 순간 추적하기:** 어떤 활동을 할 때 시간 가는 줄 모르고 몰입하는지, 에너지가 충전되는 느낌을 주는 일은 무엇인지 떠올려 보라. 그런 활동은 보통 당신의 특장점과 연결되어 있을 가능성이 크다.

- **일상에서 패턴 관찰하기:** 친구들과의 만남이나 모임에서 내가 어떤 역할을 주로 하는지 스스로를 관찰해 보자. 나도 몰랐던 내 행동의 패턴이 장점에서 기인했거나, 그것이 장점으로 정착되어 있을지도 모른다.

예스맨은
한가한 사람으로 인식된다

"아쉽지만 시간을 내기 어려울 것 같네요. 하지만 CMO가 되고 싶다면 세 가지 정도를 생각하는 게 좋겠습니다."

메타의 전 CMO 안토니오 루시오Antonio Lucio는 나의 일대일 면담 멘토링 요청에 이렇게 응했다. 만남 요청을 거절하면서도 짧은 이메일로 핵심적인 조언을 전달해 준 것이다. 그 내용은 당시 내게 큰 도움이 되었다.

거절이라는 단어는 부정적인 인상을 주지만 이렇게 현명한 거절은 상대의 마음을 다치지 않게 하면서도 요청의 일부를 수용할 수 있다. 많은 사람들이 타인의 부탁을 거절하지 못해서 자신이 감당할 수 없는 것까지 떠안는 경우가 있다. 하지만 모든 것에 '예스'로 응하는 것은 오히려 자신의 가치를 떨어뜨리는 일이다. 모든 사람의 요청을 다 수용하는 사람은 회사에서 어떤 평가를 받게 될지 상상해 보라. "저 사람은 일을 잘한다"가 아니라 "저 사람은 한가한가 보다"라고 생각할 가능성이 크지 않은가.

사람들의 요청을 거절하지 못하면 당연하게도 업무에 과부하가 걸린다. 그럼에도 상대에게 상처를 줄까 봐, 혹은 불이익을 당할까 봐, 차마 거절이라는 말을 하지 못해서 등등의 이유로 일을 떠안는다. 설령 내게 여유 시간이 있다고 해도 모든 요청을 수락하지는 않는 게 좋다. 회사에서 '일이 없어서 한가해 보이는 사람'으로 인식되어 좋을 게 없다. 선의로 받은 일이 정작 내 업무를 방해하고 사내 평판까지 떨어뜨린다면 적당한 거절의 기술은 꼭 갖추어야 한다.

칼같이 거절하지 않아도 거절할 수 있다. 앞서 이야기한 안토니오 루시오의 사례에서 힌트를 얻어 보자. 거절은 반드시 100%가 아니어도 된다. 만나기는 어렵지만 이메일로라도 답변을 해 준다면 자신의 시간을 절약하면서도 상대의 요청을 어느 정도 들어준 셈이다.

커피 챗을 요청받았는데 들어줄 수 없을 때 나만이 답변할 수 있는 질문이라면 5분 정도 투자하여 짧은 답장을 주거나 짧은 만남을 제안해 볼 수 있다. 적당한 선에서 거절하고 적당한 선에서 수용하는 것은 내 시간을 지키면서 동시에 상대를 만족시키는 중요한 거절의 기술이다.

일의 우선순위를 고려할 것

거절할 때는 자신의 현재 상황을 명확하게 설명하는 게 중요하다. "이런 좋은 프로젝트에 저를 떠올려 주셔서 감사하지만, 저는 지금 업무량이 너무 많아서 상사와 상의해야 할 것 같습니다." 이 정도 말로 정중하게 상황을 설명할 수 있다. 설령 이 프로젝트가 평소 내가 꼭 하고 싶었던 일이라도 현재 나의 업무 우선순위를 따져 보며 무리가 아닌지 고민해 봐야 한다. 이때 아이젠하워 매트릭스를 활용하면 좋다.

모든 프로젝트가 동등한 가치를 지니는 것은 아니다. 내가 잘하고 즐겁게 할 수 있는 일에 집중하는 것이 가장 중요하다. 최소한 내가 잘하거나 좋아하는 일 중 하나여야 하고, 둘 다 아닌 일은 가능하면 피하는 것이 현명하다. 아이젠하워 매트릭스의 중요도와 긴급성을 기준으로 판단하면 제안을 거절할지 수락할지 결정하기가 수월해질 것이다.

어떤 프로젝트는 내가 좋아하는 일은 아니지만 나의 성장, 승진, 경력 발전에 도움이 될 수 있다. 그러니 때로는 당장 내가 '하고 싶은가'만 고려하지 말고 실질적으로 이 프로젝트가 내 커리어에 미칠 영향도 함께 고민해 보자. 만약 업무가 많

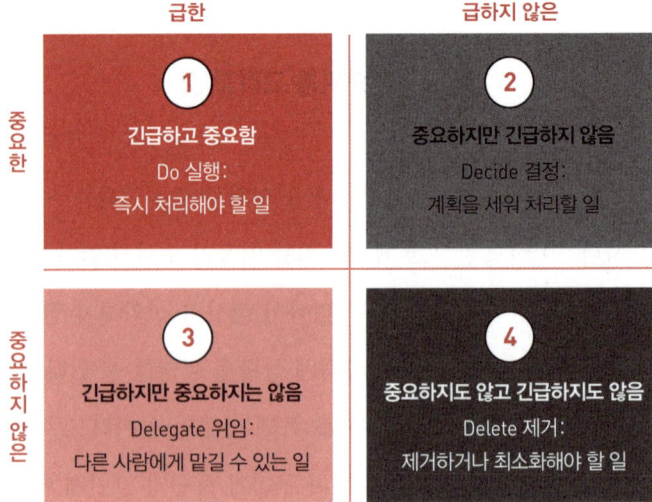

은 상황에서 상사가 추가 업무를 요청한다면 우선순위를 다음과 같이 상의하는 게 좋다.

"제가 지금 해야 할 일이 1, 2, 3, 4, 5가 있는데 6번 업무까지 하면 다른 업무들에 영향을 줍니다. 6번이 중요하다면 1부터 5 중 어떤 업무를 미루거나 포기해야 할지 조언을 주실 수 있을까요?"

거절을 잘 받아들이는 자세도 필요하다. 거절하는 일을 어려워하는 것도 문제지만, 상대방의 거절을 쿨하게 받아들이지 못하는 것도 문제다. 사람들은 가끔 거절을 개인을 향한 공격으로 느끼는 것 같다. 하지만 상대가 나의 요청을 거절했다고 해서 나를 가치 없게 여기거나 무시하는 게 아니다. 내가 상대의 요청을 거절할 때를 생각해 보라. 단지 그 시점에서 자신의 상황과 우선순위를 고려한 선택일 뿐이다.

단톡방의 해결사가 되지 말 것

요즘 사람들의 시간을 정말 많이 뺏는 것 중 하나가 '단톡방'이다. 그룹 채팅방에서는 하루에도 수십, 수백 개의 메시지가 오고 가는데 이런 채팅을 모두 확인하고 신경 쓸 필요가 없다. 특히 인물을 특정하지 않고 일반적인 질문을 던지는 사람에게는 굳이 내가 응답하지 않아도 된다. 꼭 내가 답해 주길 바란다면 나를 태그할 것이다. 그런 경우에는 시간이 허락하는 한 답해 줄 수 있다.

내가 단톡방에서 이렇게 선택적으로 답하는 이유는 많은 경우, 간단한 검색으로 알 수 있는 것을 불특정 다수를 향해 묻기 때문이고, 이런 사람들 대부분은 도움을 줘도 별로 고마워하지 않기 때문이다. 내게 고마워하지도 않고 내 시간만 소모될 뿐인 일에 굳이 시간을 쓸 필요가 있을까? 이런 부분은 사소해 보이지만 가장 간과하기 쉽다. 요즘은 단톡방이 워낙 많기 때문에 그들의 부탁이나 질문에 모두 응하다 보면 끝이 없다. 적절하게 끊어 내자.

Corporate Lingo "How do you say?"

소라언니가 알려 주는 회사어 배우기 4

> # 내 상사도 아니면서 왜 이래라 저래라야
> You're not my boss

1. 의견 감사합니다. 담당자에게 전달하고 논의해 볼게요.

   I appreciate your input. I'll make sure to loop in the right approvers.

   ▶ 상대의 의견을 존중하는 듯하면서도 내게 결정권이 없다는 것을 우회적으로 알립니다.

2. 원활한 진행을 위해 역할과 책임을 명확히 정리하는 게 좋겠습

니다. 이 프로젝트의 RACI 매트릭스*를 정리하면 혼선을 줄일 수 있겠습니다.

Let's align on roles and responsibilities, or say, let's map out the RACI for this project if you want to get fancy.

▶ 조직 내 역할과 책임을 공식적으로 정리해 불필요한 권한 행사나 오해를 방지합니다.

3. 의사결정권이 누구에게 있는지 명확하게 하는 게 좋을 것 같네요.

Happy to clarify who actually has the decision making authority.

▶ 권한이 명확하게 정의되지 않은 경우, 이를 공식적으로 확립하자고 제안합니다.

부당한 개입에 대응하려면?

권한이 없는 누군가가 내 상사처럼 행동한다고 해서 휘둘

---

* RACI는 책임자[Responsible], 최종 책임자[Accountable], 자문인[Consulted], 보고 대상[Informed]을 칭하는 것으로 프로젝트나 업무에서 역할과 책임을 명확히 정의하기 위한 책임 구분 표를 말한다.

릴 필요가 없습니다. 이들을 정면으로 반박하면 오히려 방어적인 태도를 보이며 문제를 만들 수 있습니다. 좀 더 현명한 방법은 누가 무엇을 담당하는지, 승인 권한이 누구에게 있는지, 실질적인 의사 결정권이 누구에게 있는지를 명확히 하는 것입니다.

따라서 이러한 모든 상황을 문서화하고 공유하세요. 그래야 불필요한 오해나 혼란이 발생하지 않습니다. 또한 초반부터 자신의 입지를 다지는 것이 중요합니다. 일이 말보다 강하게 전달되기 때문이지요. 당신의 실력이 당신을 증명합니다.

너 진짜 인성 별로다. 못돼 처먹었네
You're a b*tch

1. 당신의 피드백 방식은 도움이 되기보다는 공격적으로 느껴지네요.

   Your feedback style feels more combative than helpful.

   ▶ 직접적으로 불쾌함을 표현하면서도 문제는 내가 아니라 당신에게 있다는 점을 지적합니다.

2. 그런 식의 피드백은 팀 분위기를 해치고 사기를 떨어뜨립니다. 폭력적인 커뮤니케이션을 삼가 주세요.

   Your communication approach creates an unwelcoming environment and hurts psychological safety.

   ▶ 특정 행동이 조직에 해로운 영향을 미친다는 점을 언급하며 개선을 요청합니다.

불량한 태도에 불량하게 받아치지 마세요

어디에나 이런 사람들은 있습니다. 진짜 짜증 나죠! 이런 사람들은 사회적 감수성은 부족해도 뭔가 하나는 잘하는 게 있기 때문에 여전히 자리에 남아 있는 경우가 많아요. 짜증 나지만 복수보다는 성과로 이기는 게 당신에게 더 강력한 무기가 됩니다. 이런 사람들에게 배울 점이 있다면 배우고, 없다면 거리를 두세요. 쓸데없이 에너지를 낭비하지 마세요. 이들은 언젠가 스스로 무너지게 되어 있습니다. 시간이 그걸 증명할 거예요.

연봉 올려 주세요
I need a raise

1. 제가 이끌어 낸 성과를 바탕으로 연봉에 대해 논의할 수 있을까요?

   I'd love to discuss how my contributions align with my compensation adjustments.

   ▶ 성과를 중심으로 접근하면서 객관적 근거가 있다는 점을 강조하며 부드러운 어조로 대화를 제안합니다.

2. 현재 연봉이 제가 조직에 기여한 바를 온전히 반영하고 있는지 검토하고 싶습니다.

   Given the impact I've driven, I'd like to revisit my compensation package to ensure it reflects the value I bring to this organization.

   ▶ 현재 연봉이 성과에 비해 적절하지 않다는 점을 우회적으로 지적합니다.

연봉 협상에 이렇게 대비하세요

- **증거 수집**: 주요 성과를 수시로 정리해 두고 칭찬 메일이나 성과 요약 등을 본인에게 포워딩해서 저장해 두세요. 매출, 효율, 생산성 등을 수치화된 비즈니스 성과로 만들어 두세요.
- **정당한 요구**: 자신 있게 요구하세요. 본인의 가치를 주장하는 건 욕심이 아니라 업무의 일부입니다. 성과는 그냥 두면 아무도 몰라요. 드러내지 않으면 아무도 기억하지 못합니다. 조직이 여러분을 무시할 수 없도록 계속해서 존재감을 드러내야 합니다. 여러분은 그럴 자격이 있어요!

PART 3

'나'라는 브랜드 확장하기

불리한 조건과 역경을 극복하는
삶의 기술

한 치 앞도 모를
삶의 여정에도
반짝이는 순간은 늘 있다.

왜 당신의 무대를
한국으로 국한하는가?

"우리도 탁구대나 수면 캡슐 같은 걸 둘까? 캐주얼한 드레스코드를 도입하면 직원들이 좋아하지 않을까?"

한국 기업들이 종종 실리콘밸리 회사에 방문하면 하나같이 '탁구대'를 보며 영감을 얻는다. 나는 처음에 이들이 테크 기업의 경영 철학을 벤치마킹하러 온 것이라 믿었다. 하지만 실상은 편안한 복장으로 출근하는 캐주얼 프라이데이, 누워서 휴식할 수 있는 빈백, 낮잠 부스 같은 시설을 보고 '직원 복지가 좋다'고 평가하며 그것을 벤치마킹해서 도입할 뿐이었다. 그게 나쁘다는 것은 아니다. 다만 그들이 실리콘밸리에서 배워 가는 것이 탁구대나 빈백 같은 외적인 것들에 그친다는 점이 아쉽다.

탁구대 너머의 기업 철학을 배워라

실리콘밸리 기업들이 이런 시설을 제공하는 이유는 단순히 직원들을 달래기 위해서가 아니다. 20분의 낮잠은 인지 기능을 높이고, 잠시 탁구를 하며 쉬는 행동은 생산성을 높인다. 회사 내에 식당, 은행, 병원이 있다면 점심시간에 이동하고 대기하는 시간을 줄일 수 있다. 직원 복지의 본질은 직원들의 몸과 마음을 편안하게 만들어 업무 효율을 높이고 생산성을 극대화하여 기업 이익을 최대치로 끌어올리는 데 있는 것이다.

나는 한국에서 나고 자라 미국에서 학교와 직장을 다닌 한국계 미국인이라는 점 때문에 한국 기업과 협업할 기회가 많았다. 그러다 보니 외부인의 입장에서 한국의 기업 문화를 자주 관찰할 수 있었다. 한국에 대한 애정이 남다르다고 자부하는 사람으로서, 한국의 기업 문화가 여전히 과거에 머물러 있는 모습을 보일 때마다 안타까운 마음이 든다. 한국은 이제 세계 시장에서 정말 중요한 위치에 있다. 이제는 모두가 한국에 대해 알고 싶어 하고, 한국과 같이 일하고 싶어 하고, 한국에 시장을 만들고 싶어 한다. 그러니 여러분이 회사에서 실무를 하든 개인 사업을 하든, 글로벌한 기준의 역량과 태도를 가질 필요가 있다고 생각한다.

만약 여러분이 해외 기업 벤치마킹을 위한 출장에 나서게 된다면 당장 눈에 보이는 반짝이는 시설보다 그 이면의 기업 철학을 공부하라고 권하고 싶다. 탁구대를 가져오지 말고, 탁구대 하나가 회사 안에 놓이게 되기까지 어떤 고민의 과정을 거쳤을지 생각하는 것이다. 기업이 왜 직원의 정신과 신체 건강을 지키려 하는지 생각한다면 당신의 기업 탐방은 훨씬 실속 있는 결과를 가져올 것이다.

쓰러지기 직전의 한국 직장인들

실리콘밸리 회사에서 직원은 소모품이 아니라 자산이다. 직원의 성장이 곧 회사의 성장이라는 관점에서 그들의 성장과 발전은 기업의 성장에 주요 지표가 된다.

한국인은 확실히 뛰어나다. 항상 열정이 넘치고 개인의 능력은 정말 전 세계 어디에 내놔도 아쉽지 않을 만큼 훌륭하다고 생각한다. 그런데 그게 문제일까. 한국 기업과 일하다 보면 가끔 안쓰럽고 안타까울 때가 있다. 이 뛰어난 한국의 인재들이 지나치게 갈아 넣어지고 있는 장면을 목격할 때다.

'사람을 갈아 넣는다'는 말은 한국 기업의 현실을 적나라하게 보여 주는 표현이다. 가끔 보면 한국의 직장인들은 자신의 한계를 넘어 계속 달리는, 쓰러지기 직전의 마라톤 주자 같고, 한국 기업은 시스템이 아닌 개인의 희생에 의존해 아슬아슬하게 유지되는 것 같다. 이렇게 일 잘하는 사람들을 이렇게 소모시키는 게 아깝지 않나? 나는 한국 회사들이 황금알을 낳는 유능한 거위의 배를 가르지 않았으면 좋겠다.

장기적인 관점에서 보면 '일잘러'의 능력을 가장 효과적으로 끌어내는 방법은 그에 맞는 보상을 하는 것이다. 보상이 반드시 금전적인 것만은 아니다. 자신이 하는 일에 대한 가치를 인정받는 것, 회사의 이익에 어떤 방식으로든 기여하고 있다는 피드백을 받는 것, 좋은 협업 과정을 통해 긍정적인 영향을 주고받고 있다는 인식까지 모두 의미 있는 보상이 된다. 자신의 일에 열의가 있고 능력도 있는데 적절한 보상까지 따른다면 유능한 거위들은 더 큰 황금알을 계속해서 낳을 것이다.

실패하더라도 도전하라

한국의 기업들은 실패를 지나치게 두려워하는 것 같다. 도전하고 혁신하기보다는 이미 잘된 것을 따라 하는 방향을 추구한다. 어떻게 하면 실패하지 않고 빠르게 이익을 극대화할 것인가에만 몰두한다. 그러나 혁신은 도전과 실패를 통해 이루어진다. 최적화된 루트는 어느 정도 안정적인 매출을 가져다줄지도 모르지만 분명 한계가 있다.

미국에서 틱톡을 금지한다는 뉴스가 들려올 때, 한국 기업의 마케팅 담당자들에게는 두 가지 선택지가 있을 것이다. 틱톡 마케팅 일체를 포기하든지, 아니면 더 적극적으로 계약하든지. 나라면 지금이 바로 뛰어난 틱톡 크리에이터와 협업할 타이밍이라고 생각할 것 같다. 향후 소득이 불분명해진 틱톡 크리에이터들을 위해 장기 계약을 맺고, 대신 틱톡이 정말 문 닫을 상황이 온다면 비슷한 수의 팔로워가 있는 인스타그램이나 유튜브에 업로드하는 조항을 계약서에 넣어서 다운사이드 리스크Downside Risk[*]를 줄일 수도 있다. 더 좋은 가격에 잘 나가는 크리에이터들과 협업할 수 있고, 힘든 상황에서 자신을 도와준 브랜드는 그들에게 오랫동안 우호적인 기억으로 남을 것이다. 위기 속에서 열정은 더 크게 발현되기 때문이다.

불확실성이 높을 땐 안정성을 추구하는 게 당연한 전략일 수도 있지만, 이때 혁신을 추구한다면 남들이 얻지 못하는 기회를 얻을 수도 있다. 실제로 틱톡이 잠깐 닫힌 4시간 전후로 조회 수는 엄청났고 이를 잘 활용한 브랜드들은 수확을 얻었다.

직원이 새로운 도전을 하고자 할 때, 그 도전을 가로막는

---

[*] 투자나 비즈니스 의사 결정에서 손실이 발생할 가능성과 그 규모를 뜻하는 용어. 쉽게 말해, "최악의 경우 얼마나 손해를 볼 수 있는가"를 평가하는 개념.

회사는 더 이상 발전할 수 없다. 팀원이 낸 새로운 아이디어를 전례가 없다는 이유로 무시한다면 그 팀은 언젠가 도태되고 말 것이다. 만약 실패했을 때 그 리스크를 어떻게 책임지냐고? 실패하지 않으면 배움도 없고 소득도 없다. 시도하지 않으면 성공도 없는 법이다. 좋은 비즈니스 파트너는 새로운 제안을 수용하고 치열하게 고민하며 도전적으로 실행할 줄 안다. 각 나라 간, 대륙 간의 문화 차이, 시장의 현황 차이가 극명한 상황에서는 특히 적극적인 오픈 마인드가 필요하다. 세계 시장으로 나아가고 싶은가? 그렇다면 일의 성패를 따지지 말고 일단 도전하라.

갑질은 당신의 커리어에 독이다

나는 최근 글로벌 마케팅 에이전시를 창업했다. 그러면서 매우 기이한 경험을 하게 되었는데, 한국에서는 에이전시를 '을'로 생각하는 것이었다. 나는 한국 회사와 동등한 위치에서 '협업'한다고 생각했다. 그러나 종종 우리가 갑을 관계에 있다고 생각하는 사람들을 만난다.

한국의 갑질 문화에 대해서는 익히 들어 알고 있었지만 협업의 관계에서도 이토록 뿌리 깊게 박혀 있을 줄은 몰랐다. 사회생활을 시작한 지 얼마 안 돼 보이는 주니어 직급의 직원조차 나에게 갑질을 하려 들 때면 정말이지 한숨이 나온다. 이런 문화는 글로벌 비즈니스가 확대되는 환경에서 정말 유해하며 장기적인 파트너십을 방해한다. 그리고 더 걱정되는 건 그 친구의 커리어다. 나를 이렇게 대하는데 다른 파트너들에게는 어떻게 대할까? 어디든 업계는 좁다. 외주자가 소속 직원이 되기도 하고 그 반대가 되기도 한다. 실제로 나는 넷플릭스에서 협업하던 마케팅 에이전시 직원이 훗날 내가 페이스북 인터뷰를 볼 때 들어온 놀라운 경험을 하기도 했다.

많은 크리에이터들이 "한국 브랜드는 돈을 많이 주지 않으면서 요구 사항은 많다"고 이야기한다. 계약서를 주고받다가 갑자기 잠수를 탄다든지 소위 '진상' 짓을 많이 한다는 소문이 업계에 많은 듯하다. 실제로 이런 경험 때문에 특정 브랜드와는 절대 협업하고 싶지 않다는 크리에이터 에이전시 대표도 있었다.

전 세계적으로 K-팝과 K-뷰티, 각종 K-콘텐츠가 각광 받으며 성장하고 있는 현 시기에, 그놈의 '구시대적 갑질 문화'를 계속 고집하는 사람은 글로벌 비즈니스 파트너가 되기 어려울 것이다. 협업을 하면서 힘의 무게 추를 밀고 당기지 말자. 내가 일을 더 잘할수록 서로가 얻는 것이 더 늘어날 뿐이다. 쓸데없는 밀당에 에너지를 소모하지 말 것, 그리고 모든 관계는 '롱텀 게임'이며 업계는 정말 좁다는 걸 잊지 말자.

오래 일하고 싶다면 평판을 지킬 것

한국 사람들은 평판에 대해 별로 신경 쓰지 않는 것일까? 혹은 기업 윤리는 중요하지 않다고 생각하는 것일까? 가끔 한국 기업들이 협력 업체를 선정하는 걸 보면 의아할 때가 있다.

크리에이터들에게 비용 지급을 상습적으로 지연하는 에이전시라면 분명 광고주에게도 환영받지 못할 것이다. A 광고주의 광고를 B 에이전시를 통해 진행한 C 크리에이터가 비용을 제때 지급받지 못한다면 당연히 A 광고주의 평판에도 좋을 게 없다. 그런데도 A 광고주는 다음 광고 진행에 B 에이전시를 또 선택한다. 이 에이전시의 수수료가 싸다는 이유로. 그들이 지급 지연 사실을 몰랐다면 모를까 다 알면서도 그런 선택을 한다는 게 문제다.

미국에서는 어떤 기업의 임원이 만약 인종 차별적인 발언을 했다면 즉시 해고될 것이다. 그런 직원이 있는 회사와 일하고 싶어 하는 협력 업체도 없을 것이며, 소비자도 그런 회사의 제품을 소비하지 않기 때문이다. 당연하게도 기업 이미지에 악영향을 끼치는 리스크는 제거하는 게 맞다. 그런데 같은 상황이 한국에서 벌어진다면 어떨까. 아무리 상상해도, 아무 일도 일어나지 않을 것 같다.

개인의 커리어에 평판이 매우 중요한 자산이듯, 회사의 평판 역시 파트너십을 유지하는 데 있어 매우 중요한 기준이 된다. 협력 업체를 선정할 때 '가격'만을 기준으로 두면 당장은 비용을 절감할 수 있겠지만 언젠가는 그보다 더 큰 손실을 감내해야 할 순간이 온다는 걸 명심하자.

언젠간 내 사업을 하고 싶다면
평판 관리가 전부다

> 정해진 길이 없는 여정에서는 직업을 구하거나, 돈을 벌거나, 사업을 키우거나, 다른 어떤 수치적 목표를 이루는 것이 중요한 게 아닙니다. 중요한 것은 계속하고 싶은 일을 적극적이고 의식적으로 찾아 나가는 과정입니다. (…) 진정으로 의미 있는 접근법은 다양한 일들을 실험해 보고, 가치 있다고 느끼는 일을 발견했을 때 그 일을 지속할 수 있는 삶을 거꾸로 설계해 나가는 것입니다.
>
> ─폴 밀러드 Paul Millerd, 《길 없는 길: 일과 삶에 대한 새로운 이야기를 상상하다 The Pathless Path: Imagining a New Story For Work and Life》

나는 내가 틀렸다고 생각하는 일을 억지로 해야 하는 상황을 힘들어하는 사람이다. 어떤 사람들은 위에서 시키니까 어쩔 수 없이 한다는 마음으로 해 나가기도 하는데, 나는 이미 지시가 부당하다고 판단한 이상, 시켜서 하는 것도 오래 지속할 수가 없다. 틱톡에서 일하면서 그런 상황이 지속되자, 더는 견딜 수 없었다.

틱톡에 처음 입사했을 때 걱정이 없는 것은 아니었다. 실리콘밸리의 테크 기업 중 하나지만 틱톡은 근본적으로 중국 회사다. 그래서 다른 테크 기업들과 문화가 다르다는 이야기는 익히 들어 알고 있었다. 하지만 새로운 기업 문화를 접하고 적응하는 과정은 늘 새로운 도전이고 배움의 가능성을 포함하고 있기에 기꺼운 마음으로 근무를 결심했다.

처음 몇 개월은 무척 즐겁고 재미있게 일했다. 첫 매니저는 어릴 때 타이완에서 온 이민자라 중국 문화와 언어를 잘 알면서, 구글에서 오랫동안 매니저로 근무했기에 일류 테크 기업의 인재상도 잘 알고 있었다. 나와 호흡이 잘 맞는 똑똑한 상사와 한 팀에서 일하는 것만큼 즐거운 일은 없었다. 그런데 그도 회사의 문화를 견디지 못하고 얼마 뒤 퇴사했다. 그리고 프로덕트 마케팅을 해 본 적도 없는, 나보다 다섯 살이나 어린 데다가 부사장 비서 출신으로 전문성도 없는 사람이 새로운 매니저가 되면서 나의 틱톡 생활은 흔들리기 시작했다. 왜 이런 사람을 매니저로 앉혔는지 이해할 수 없었다. 이 회사가 원하는 건 그저 시키는 일을 꼭두각시처럼 그대로 실행할 사람이라는 결론에 이르렀다. 그건 결코 내가 원한 것이 아니었다. 오히려 한국을 떠나고 싶었던 이유 중 하나를 이 회사 안에서 겪게 된 것이다.

그러던 중 데이팅 프로그램 〈돌싱글즈4〉에 출연하면서 나의 커리어 이력이 알려지자 한국 뷰티 업계의 자문 요청이 많아졌다. 그들의 질문은 대부분 "어떻게 해야 우리 제품을 미국 시장에서 성공적으로 키울 수 있을까"였다. 생각보다 많은 기업들이 글로벌 마케팅에 어려움을 겪고 있었다. 그리고 나에게는 너무 당연한 이야기들을 해 주면 그들이 너무 고마워하는 모습을 보면서, 생각보다 이 분야를 잘 아는 사람이 별로 없다는 걸 알게 되었다. K - 뷰티는 이미 세계적으로 주목받고 있었지만 정작 그 다리를 놓는 전문가는 부족해 보였다. 그렇다면 내가 그 역할을 본격적으로 해 보면 어떨까? 안 그래도 틱톡에서의 생활이 그리 만족스럽지 않은 차였다. 슬슬 커리어의 전환점이 필요한 시기인지도 몰랐다.

좌절은 짧게, 내 가치를 알아주는 곳은 있다

회사라는 울타리를 걷어차고 온전히 홀로 서면서, 특히 한국 기업과 일할 기회가 더 많아지면서 그동안 경험했던 것과는 또 다른 어려움이 찾아왔다.

한국 기업의 실무자들은 능력과 열정이 대단해서 함께 일하는 것은 언제나 즐거웠지만, 그들에게는 권한이 없는 경우가 많았다. 미국 기업의 경우 예산이 대단히 큰 게 아니라면 실무자 선에서 결정을 내릴 수 있다. 하지만 한국 기업들은 그 유명한 '빨리빨리' 문화를 고수하면서도 의사결정 과정은 지나치게 지난했다. 실무자들은 위에서 허락이 떨어질 때까지 오랜 시간 기다려야 했다.

가끔은 위에서 뜬금없는 개입을 해서 당황스러운 경우도 있었다. 사실 윗선보다는 실무자들이 더 젊고 감각이 있기에 더 좋은 캠페인을 해낼 역량도 크다. 그런데 갑자기 윗사람들이 개입해서 잘 진행되고 있던 일에 찬물을 끼얹기도 한다. 한국의 윗분들은 왜 그렇게까지 실무자를 못 믿을까 싶은 생각마저 들었다.

나는 미국에서 가장 저렴한 에이전시가 아니라 가장 뛰어난 에이전시가 되고자 사업을 시작했다. 하지만 의뢰인들이 자꾸만 가장 싼 옵션을 문의하고 이것저것 간을 보면서 컨설팅 시간만 뺏는다는 느낌이 들 때가 있었다. 내가 쌓아 온 커리어의 가치만큼 내 시간의 가치도 높은데 그걸 공짜로 취하려고 하면 맥이 빠진다(세상에 싸고 좋은 건 없다. 매출 증대라는 중요한 목표를 위해 마케팅 대행 에이전시를 고를 때, 가격 경쟁력으로만 판단하는 건 별로 좋은 선택이 아니다).

최저가만 찾으면서 전문적인 서비스를 기대하는 사람들, 의향도 없으면서 상담만 받으려는 사람들을 마주하는 건 분명 좌절스러웠다. 하지만 이 또한 내 사업의 일부였다. 내 가치를 알아보는 진짜 클라이언트를 찾아가는 과정이라 생각하니 견딜 만하다. 늘 그랬듯, 내가 남들보다 월등히 잘하고 세상에 부족한 분야에 집중하는 게 맞다는 결론을 내렸다. 결국 경쟁사보다 뛰어난 전문성과 네트워크를 이용하여 메가 인플루언서 및 연예인과의 협업, 최고 권위를 가진 할리우드 행사 Unforgettable Gala, Tony Awards에 스폰서십을 따내는 결과를 만들어 냈다.

내가 옳다고 생각하는 방식으로 일한 결과

"저희 제품 받아 보셨나요? 써 보시고 좋으면 한번 올려 주세요!"

K-뷰티 마케팅 에이전시들은 뷰티 크리에이터들에게 제품을 광범위하게 뿌리고 그들이 그 제품의 리뷰 콘텐츠를 제작해 노출해 주기를 바라는 경우가 많다. 나는 정말 이런 방식을 피하고 싶었다. 크리에이터들이 제품 리뷰나 광고를 콘

텐츠화하길 원한다면, 그에 합당한 대가를 지불하고 광고를 진행하는 게 맞다. 뷰티 업계에서 제품에 돈을 쓰는 소비자도 여성이고 콘텐츠를 만들고 확산하는 크리에이터도 대부분 여성인데, 화장품 회사 대표는 대부분 남자다. 나는 이런 구조 속에서 늘 돈은 여성이 쓰고 그 돈은 남성의 주머니로 들어가는 흐름이 마음에 들지 않았다. 크리에이터들의 콘텐츠 생산 활동은 이미 업계에서 중요한 영향력을 끼치고 있다. 그 영향력에 대한 대가를 지불하지 않고 제품 제공으로 퉁치는 것은 내가 원하는 방식이 아니었다.

게다가 제품을 주고 리뷰를 기다리는 일은 시간과 노력이 많이 든다. 일일이 메시지를 보내고 실시간으로 확인해야 하는데, 들인 수고에 비해 기대할 수 있는 홍보 효과는 미미한 경우가 많다. 그래서 나는 소수의 영향력이 큰 크리에이터들에게 정식으로 광고를 의뢰하고 광고비를 지급하는 방식으로 일했다. 그동안 내가 쌓아 온 평판과 인지도가 있기 때문에 크리에이터들의 반응도 긍정적이었다. 단타성 효과를 노리기보다는 장기적으로 바라보며 페이스북, 인스타그램, 틱톡 등 다양한 채널을 활용해 크리에이터들의 팬들에게 진정성 있게 다가갈 수 있는 캠페인을 기획했다. 그렇게 하면 건당 수수료 규모도 함께 올라가고, 제품 세일즈 가능성도 높아지니 서로 윈윈할 수 있다.

그렇게 큐레이티드 에이전시의 첫해 매출은 성공적이었다. 단순히 높은 매출을 올렸다는 사실보다 내가 원하는 방식으로, 내가 옳다고 믿는 형태로 일을 진행하고 그 안에서 가치와 이익을 동시에 실현했다는 점이 만족스러웠다.

내가 원하는 삶의 방식을 스스로 선택할 수 있다는 건 사업의 큰 장점이다. 아직은 불확실성이 크지만 그것이 가져다주는 흥분과 기대 역시 나를 움직이는 원동력이 된다. 아쉬운 점은 자유가 많은 만큼 혼자 많은 걸 결정해야 해서 마음이 바쁘다는 것이다. 중요한 일은 내가 결정해도 괜찮은데, 오히려 중요하지 않은 사소한 것들을 결정해야 할 때 도와줄 사람들이 없는 게 아쉽다. 이런 고충들을 나와 비슷한 길을 걷는 여성 사업가들과 함께 나누며 위로를 얻는다. 나는 앞으로 동료를 만들고 그들과 서로의 경험을 나누며 함께 성장해 나갈 매 순간이 기대된다.

내가 맺은 관계의 씨앗이 언젠가 싹이 터서 다시 열매로 돌아온다는 것을, 사업을 하며 더 자주 실감한다. 틱톡에 근무할 당시, 틱톡 코리아 세일즈 팀에 있던 동료와 서로의 고민을 자주 나눴었다. 내가 회사를 나와 에이전시를 차리자, 그 동료는 광고주로부터 '뛰어난 에이전시를 소개해 달라'는 요청을 받을 때마다 나를 추천해 주었다. 그 동료 덕분에 나는 웹사이트에 로고만 올라가 있던 사업 초창기에도 매우 큰 브랜드 두 곳과 계약할 수 있었다. 이게 바로 인맥과 평판의 힘이다. 업무적으로 만난 사람이라 해도 늘 인간 대 인간으로 진실되게 대하려고 노력하라. 그 인연이 어디까지 이어질지는 아무도 모른다.

그동안 성실하게 쌓아 왔던 나의 평판과 네트워크들이 돌고 돌아 내 사업을 키우는 데 계속해서 영향을 미치고 있었다. 그러니 다시 한번 강조할 수밖에 없다. 평판은 내 커리어의 성적표다. 나에 대한 타인의 평가는 필요할 때 급조해서 관리할 수 있는 것도 아니고, 쉽게 뒤집을 수 있는 것도 아니다. 나의 평판은 내가 살아온 만큼, 내가 행한 만큼 쌓인다.

실패하지 않으면
성장도 없다

　새로운 도전은 늘 두려움을 동반한다. 당연하다. 한 번도 걸어 보지 못한 길에 발걸음을 내디딘다는 건 앞으로 어떤 일이 벌어질지 전혀 알 수 없다는 이야기다. 그러니 이 도전이 성공할지 실패할지 알 수 없어서 두렵고 불안한 것은 너무나 당연하다. 그러나 우리가 경계해야 할 것은 실패에 대한 두려움이 아니라 실패의 가치를 모르는 자들의 참견이다.

　"그거 내가 이미 해 봤는데 안 돼, 하지 마."
　"아는 사람이 그거 했었는데 실패했대."
　"쟤 왜 저렇게 나대?"

　살면서 주변 사람들로부터 이런 이야기를 한 번쯤은 들어 봤을 것이다. 정말 세상에서 가장 쓸모없고 무가치하며 귀 기울일 필요가 전혀 없는 말이라고 생각한다.

왜 사람들은 새로운 도전 앞에 선 사람들에게 이런 말을 할까? 이런 말은 겉으로는 조언이라는 외피를 두르고 있지만, 결국 자신의 못난 점을 상대에게 투사하는 것일 뿐이다. 걱정하는 척하면서 의지를 꺾는 말을 하는 사람들은 자기 내면을 좀 돌아볼 필요가 있다. 그들은 당신이 시도하는 일을 해 보지 못했거나, 시도했다가 실패한 경험 때문에 그저 불편한 마음을 표출하는 것일 수 있다.

"거봐, 내가 안 될 거라고 했잖아."

이런 말을 하는 사람은 더더욱 곁에 두면 안 된다. 이런 사람들은 실패할 용기도 없다. 이들의 말은 자신의 두려움과 한계를 당신에게 투영한 것일 뿐, 당신과 무관한 이야기다. 세상에는 실패와 성공이라는 결과만 존재하는 게 아니다. 새롭게 시도하는 과정에서 우리는 이미 첫 번째 배움을 얻는다. 성공한다면 성공 경험을, 실패한다면 실패 경험을 쌓을 뿐이다. 이런 경험은 성패 여부와 상관없이 그 자체로 귀하다. 실패를 경험하고 이를 통해 배우는 사람은 항상 안전한 선택만 하는 사람보다 결국 더 큰 성장을 이룬다. 시도하지 않았는데 큰 업적을 이룬 사람을 본 적이 있나? 실패를 두려워하지 않는 마음은 때로 세상을 움직이는 힘을 가진다.

내가 이혼을 통해 배운 것들

나는 이혼을 했다. 사회는 이혼을 실패로 바라보지만, 나는 불행한 결혼 생활을 사회적 잣대와 시선 때문에 계속해 나가는 게 더 큰 실패라고 믿는다. 이혼 뒤 남은 것은 뜻밖에도 후회가 아니었다. 결혼과 이혼을 통해 나는 성장했다. 좋은 반려인을 보는 눈이 생겼고, 어떤 사람이 나와 잘 맞는지 잘 알게 되었으며, 결혼 생활에 필요한 덕목이 무엇인지도 깨닫게 되었다. 무엇보다도 나를 소중히 여기는 삶을 살겠다는 결심을 하게 되었다. 결혼하지 않았더라면, 이혼하지 않았더라면 받지 못했을 레슨이다. 실패는 단순히 버려지는 경험이 아니다. 실패는 앞으로 나아가도록 돕는 디딤돌이 되기도 한다.

나는 결혼을 후회하지도 않고 이혼을 후회하지도 않는다. 각각 나름대로의 기쁨과 행복이 있었고, 절망과 고통도 있었고, 교훈도 있었다. 그것들은 무의미하지 않았다. 내 삶의 어느 한 시기를 더 입체적이고 풍부하게 만들어 준 경험들이다.

지금 운영 중인 마케팅 에이전시에서 끈질기게 고객을 설득했지만 결국 성사되지 않은 프로젝트가 있었다. 끝내주는 결과를 만들어 낼 자신이 있었기에 더욱 아쉬움이 남았다. 그러나 좌절하지는 않았다. 그 경험 덕분에 관련 업계에 대해 더 잘 알게 되었고 다음에는 더 잘할 수 있게 될 테니 말이다.

그때 제작한 피치 덱Pitch Deck*이 이 좁은 한국 뷰티 업계에 돌고 있다. 그 덕분에 종종 "여기 잘하네"라는 피드백을 전해 듣기도 한다.

실패를 통해 무엇을 배우느냐, 그것이 실패보다 중요하다. 남들이 입으로만 떠들 때 당신은 직접 시도해 보라. 만약 그 시도가 실패로 돌아갔대도 당신은 그 경험에서 배운 것을 바탕으로 더 나은 선택을 할 수 있다는 가능성을 얻었다. 그러니 망설이지 말고 과감하게 실패하고 일어서라.

위인들도 한 번은 꼭 실패했다

우리 사회는 실패를 지나치게 부정적으로 평가하는 경향이 있다. 실패한 사람들에 대해 능력이 부족하다거나 준비가 안 되었다거나 잘못된 선택을 했다는 식으로 비난하기 바쁘다. 이런 사회적 낙인이 실패를 두려워하게 만들고 도전을 망설이게 한다. 그래서 많은 사람이 가장 효율적인 방법으로 '성공'하기 위해 혈안이 되어 있다. 너도나도 남들이 해 보고 성

---

* 스타트업이나 기업이 투자자, 파트너, 이해관계자 등에게 자사의 사업 아이디어나 비즈니스 모델을 설명하기 위해 제작하는 발표용 슬라이드 자료를 말한다.

공한 것만 따라 하다 보니 블루오션이었던 획기적인 아이디어는 금세 레드오션이 되어 소비자들의 외면을 받는다.

사람들의 마음속에 숨겨진 '못돼 처먹은' 마음을 좀 제거했으면 좋겠다. 남이 잘되면 잘된다고 시기 질투를 하고, 안 되면 안 됐다고 고소해하고, 성공하면 평가절하하려고 애쓰고, 실패하면 그럴 줄 알았다며 손가락질하는 못돼 처먹은 마음들. 주변 사람을 사랑하고 응원하고 지지하며 살아도 부족한 시간에 왜 그렇게 낙인찍지 못해 안달일까.

나는 어릴 때 위인전을 정말 좋아했다. 한 사람이 태어나 고난을 마주하고 그것을 극복하며 재능을 펼치다 보면 결국 성공에 이르러 업적을 세우는 극적인 서사에 한없이 빠져들었던 것 같다. TV 프로그램 중에는 MBC 다큐멘터리 〈성공시대〉를 즐겨 봤다. 위인전과 〈성공시대〉의 주인공들에게는 공통점이 있었다. 언제나 실패를 맛봤다는 것이다. 그럼에도 그들이 '위인'이 되고 '성공 시대'를 맞이할 수 있었던 건 실패 레슨으로 더 큰 경험을 얻었기 때문이다. 그대로 주저앉아 포기하지 않고 실패를 발판 삼아 일어났기 때문이다. 어린 나이에도 나는 그들에게서 희망을 봤다.

'나도 언젠가 저런 어려움을 겪으면 절망하지 말아야지. 멋지게 다시 시도해 보고 안 되면 될 때까지 해 봐야지.'

우리가 실패를 낙인으로 인식하는 이유는 결과만을 중시하는 문화 때문일 것이다. 실패냐 성공이냐를 따지는 이분법적인 평가에서 벗어나, 당신의 시간을 관통하는 과정 자체를 지켜보면 좋겠다. 실패란 그저 목표를 향해 가는 과정에서 마주하는 필연적인 경험일 뿐이라고 생각하면 좋겠다. 그리하여 자신의 실패 경험을 나누는 일을 망설이지 않았으면 좋겠다.

Sora's spicy career truths

소라언니가 알려 주는 회사어 해석하기

그건 어쩌면 "너 바보냐?" 라는 뜻일지도

1. 흥미롭네요, 정말 독특한 관점이에요.
   ▶ 사실은: 아무도 이런 제안을 하지 않은 이유는, 이게 진짜 끔찍한 아이디어이기 때문이에요.

2. 그 결정을 어떻게 내리게 됐는지 설명해 주시겠어요?
   ▶ 사실은: 대체 무슨 말을 하는 거예요? 어떻게 그렇게까지 틀릴 수가 있는 거죠?

3. 솔직히, 이 시도 자체는 감사해요.

▶ 사실은: **당신 기분을 상하게 하고 싶진 않지만, 이건 형편없어요.**

4. 이 데이터에 대해 우리가 확신을 가지고 있나요?
    ▶ 사실은: **제발 좀 지금 이 순간에 이르기까지의 모든 선택을 다시 생각해 보세요.**

5. 좀 더 생각해 본 뒤에 다시 이야기해 봐요.
    ▶ 사실은: **도대체 어떻게 그런 별로인 생각을 해낸 거죠?**

소라언니의 TIP

회사가 당신에게 영감을 주지 못하는 사람들로 가득 차 있다면, 이제는 레벨 업하고 그 자리를 떠나야 할 때라는 신호예요. 당신이 계속해서 상사와 동료보다 더 뛰어난 성과를 낸다고 해서 그들이 고마워할까요? 아니요. 그들은 자기 자신을 키우기보다, 시기 질투에 오히려 당신을 깎아내리려 하고 당신의 커리어를 방해하려 할 거예요.

당신의 빛을 지키세요. 당신의 능력을 위협이라 생각하는 곳이 아니라, 환영하는 곳을 찾아야 합니다.

그건 어쩌면 "꺼져! 내 일 아니거든?" 이라는 뜻일지도

1. 알려 줘서 고마워. A 씨를 태그할게. 이건 그 사람 담당이야.
   ▶ **사실은: 나한테 계속 연락하지 마. 내 알 바 아님.**

2. 큰 틀에서 의견은 줄 수 있지만, 내가 이 일을 책임질 순 없어.
   ▶ **사실은: 난 이런 거에 시간 낭비할 여유 없어.**

3. 이건 사실 다른 부서 일이야. 적절한 쪽으로 넘길게.
   ▶ **사실은: 번지수가 틀렸다, 얘.**

4. 나는 지금 X에 집중하고 있어. 그래서 그거에만 몰입해야 해.
   ▶ **사실은: 내 우선순위는 따로 있고, 너는 거기에 없어.**

5. 도와주고 싶긴 한데, B 씨 업무에 끼어들고 싶진 않아.
   ▶ **사실은: 오, 떠넘기기 제법이네. B한테나 가. 내 일 아님.**

소라언니의 TIP

매번 부탁을 다 들어주다 보면 사람들이 고마운 줄도 모르게 돼요. 이것저것 다 하느라 대충 하는 것보다, 몇 가지를 제대로 해내는 게 훨씬 낫죠. 초반부터 기준을 분명히 하고 자주, 그리고 부드럽게 표현하세요. 그건 까다로운 게 아니라 내 한정된 시간과 에너지를 진짜 가치 있는 일에 쓰겠다는 거예요. 그게 결국 일 잘하는 사람이 되는 길이죠.

그건 어쩌면 "야, 내가 진작에 말했지!" 라는 뜻일지도

1. 아까 말씀드린 내용을 다시 상기시켜드리겠습니다.
   - ▶ 사실은: 야, 내가 이미 말했잖아.

2. 앞서 언급드린 바와 같이~
   - ▶ 사실은: 너 내 말 안 들었지?

3. 이제 생각이 일치해서 기쁘네요.

▶ 사실은: 드디어 이해했냐?

4. 제가 전에 짚었던 부분과 일치하네요.
   ▶ 사실은: 내가 미리 경고했었다.

5. 이 사안을 다시 들여다보게 되어 감사하고요, 제가 앞서 제안했던 방향과 연결되네요.
   ▶ 사실은: 이제야 내가 말한 대로 움직이네. 어서 와, 진작부터 내가 있던 자리로.

소라언니의 TIP

유독 자주 정답을 제시하는 사람이 있어요. 그게 아마 이 책을 읽고 있는 당신이겠죠? 제품 감각이 좋고, 소비자를 잘 이해하고, 센스가 있다는 것. 이 분야에 진심이라는 뜻이고 그게 우리의 슈퍼 파워예요.

"내가 그랬지"라는 말 대신 증거를 많이 남기세요. 옳은 말 하는 사람이라는 평판이 쌓이면 다음 아이디어에 더 크게 베팅할 수 있는 사람이 돼요. 계속 공부하고, 궁금해하고, 준비하세요. 당신의 존재감은 곧 기하급수적으로 커질 거예요.

현지인처럼
영어 하는 법

"혹시 교포예요?"

아니다. 나는 한국에서 일반고를 다니다가 고1을 마친 후 미국으로 유학을 왔다. 그럼에도 평소 교포가 아니냐는 오해를 자주 받는다. 그다음으로 이어지는 말은 대부분 '영어 공부를 어떻게 했냐'는 질문이다.

미세스키 공부방의 선생님을 아직도 기억한다. 나는 영어 유치원을 다닌 적도, 특별히 대단한 교육을 받은 적도 없다. 그저 동네의 흔한 프랜차이즈인 미세스키 공부방에 다녔고, 윤선생 영어 교실 같은 전화 영어와 카세트테이프를 반복해서 들으며 학습 교재를 풀었다. 영어 단어를 외우기 위해 수첩에 깜지를 쓰기도 했다. 그러니까 보통 사람들처럼 평범하게 초등학교 3학년 교육 과정부터 영어를 배우기 시작했고, 동네 학원을 다닌 게 전부다.

다만 나는 영어를 좋아했다. 초등학교 6학년 때, 엄마가 무리해서 캐나다 밴쿠버로 3주간 어학연수를 보내 주었는데, 그때 새로운 세계를 맛보았기 때문이었다. 낮에는 수업을 듣고 오후에는 승마나 카누 같은 활동을 하며 이런 생각을 했다. '와, 여기는 한국과 너무 다르잖아? 이곳에서 살면 더 신나고 재미있는 일이 많아지겠다. 나중에 크면 여기서 살아야지. 여기서 살려면 영어를 잘해야겠구나.' 이 단순하고 명쾌한 욕망은 영어를 공부의 대상이 아닌 '꿈의 도구'로 바꿔 놓았다. 영어라는 열쇠만 가지고 있으면 전 세계의 문이 열릴 것만 같았다.

영어로 바뀐 미래

영어를 열심히 하니 잘하게 되었고, 잘하게 되니 재미있어졌다. 나는 영어라는 도구로 더 넓은 미지의 세계를 경험하고 싶었다. 집안 형편이 썩 좋은 편이 아니었는데도 엄마는 나의 이런 마음을 이해하고 지원해 주려고 애썼다. 그 점이 지금까지도 무척 감사하다. 그때 엄마의 결단과 실행력이 없었다면 어린 나이에 세계로 나아가고 싶다는 꿈은 갖지 못했을 것이다.

영어와 유학에 대한 욕구는 한편으로는 전략적인 선택이기도 했다. 똑같은 전교 10등이라도 수원에서 평범한 일반고에 다니는 학생과 서울 강남에서 교육을 받는 학생은 경쟁이 안 된다고 생각했다. 무엇보다 정보력의 편차가 너무 컸다. 내가 목표하는 대학에 가려면 강남 아이들과 경쟁해야 하는데, 그들에게 쏟아지는 사교육 지원과 정보력을 내가 이길 수 있을까? 이 학교에서 아무리 잘해 봤자 내 점수가 경쟁력이 있을까? 아무래도 어려울 것 같았다. 그렇다면 일찍 미국으로 간다면? 한국에서는 높은 수학 등급을 받기 어렵지만 미국 아이들과 경쟁하면 상대적으로 더 좋은 점수를 받을 수 있을 것이다. 결국 나는 환경과 경쟁 대상을 바꾸기로 했다.

동기가 명확하면 방법은 어떻게든 생긴다

학습 동기가 없으면 어떤 공부도 꾸준히 해낼 수 없다. 우리는 영어를 잘하는 방법에 대해서만 생각하다가 내가 왜 영어를 잘하고 싶은지 그 동기를 종종 잊는다. 무작정 영어 잘하는 법을 검색하고 대단한 노하우를 얻으려고 하지 말고, 우선 내가 영어를 잘하고 싶은 이유부터 자문해 보자.

나는 한국을 벗어나 새로운 환경에서 삶을 꾸리고 싶다는 분명한 목표가 있었다. 동기가 명확하면 헤매지 않는다. 고등학교 때 유학을 결정한 뒤로는 모든 영어 공부가 '미국에 가서 고등학교 과정의 수업을 듣고 공부할 수 있는 수준'을 목표로 이루어졌다. 특히 친구들과 대화하고 수업 시간에 선생님이 하는 말을 알아들으려면 말하고 듣는 게 가장 시급했다.

지금이야 AI 영어 회화 앱이 다양하게 나와 있지만 그때 내게 주어진 건 〈프렌즈〉라는 미국 드라마뿐이었다. 일상생활을 영어만 하며 보낼 수 없다 보니 할 수 있는 건 죽어라고 대사를 따라 하는 '섀도잉'밖에 없었다.

수원과 강남에 있는 어학원을 오가는 3003번 광역 버스 안에서 이어폰을 꽂고 입 모양으로 대사를 따라 했다. 집에서는 소니 '찍찍이' 카세트테이프에 대사를 녹음하고 다시 들으면서 발음을 교정해 나갔다. 대사 하나도 그냥 읽지 않고 배우가 된 것처럼, 오디션을 준비하는 성우 지망생처럼 실감 나게 읽었다. 레이첼이 되었다가 조이가 되었다가 피비가 되기를 반복하며 〈프렌즈〉의 거의 모든 에피소드를 달달 외울 정도로 따라 했다. 대사를 모두 외우고 나니 머릿속에서 문장을 만들거나 문법을 떠올리기도 전에 입에서 영어가 튀어나왔다. 문장의 구조를 뜯어 가면서 익힌 게 아니라 문법을 잘할 수 있을까 걱정했는데, 외운 문장 속에 녹아 있는 무형의 문법 공식들까지 머릿속에 들어와 있었다.

최고의 선생님은 '재미'다

영어가 재미있으려면 콘텐츠가 재미있어야 한다. 내가 즐겨 본 작품은 드라마〈프렌즈〉시리즈와 영화〈뮬란〉,〈트루먼 쇼〉였는데, 이것들의 대사는 지금도 외울 수 있을 정도로 반복해서 공부했다. 영어 공부를 위한 작품을 고를 때는 다음과 같은 기준이 필요하다.

1. 내가 정말 좋아하는 작품일 것.
2. 일상 대화가 많이 나오는 작품일 것(가족 영화나 시트콤 종류).
3. 정치, 법률, 의학 등 전문 용어가 많지 않을 것.
4. 욕설이 많지 않고 악센트가 강하지 않은 평범한 발음을 구사하는 배우들이 많을 것.
5. 대사가 적은 액션, 공포, 뮤지컬 영화는 피할 것.

어휘는 플래시 카드를 활용했다. 미국 대학에 가려면 SAT 공부도 해야 했기 때문에 어휘력은 무척 중요했으므로 버스를 타고 이동하는 시간에 100~200개씩 묶은 플래시 카드를 꺼내 아는 것과 모르는 것을 분류하며 공부했다. 아는 것은 'Yes' 묶음, 헷갈리는 것은 'Maybe' 묶음, 모르는 것은 'No' 묶음으로 나눴다.

그때도 나는 지루한 건 못 참았다. 흰 종이가 새까매질 때까지 단어를 반복해서 적는 '깜지'는 지루했다. 그래서 깜지를 쓰기 전에 꽃이나 동물 같은 그림을 그리고 그 그림의 선을 따라 글씨를 채워 나가며 미술 시간인 듯 영어 단어를 외웠다.

영어 공부는 특별할 게 전혀 없다. 기본적으로 목표와 학습 동기를 명확히 하고 자신에게 맞는 방법을 찾아서 꾸준히만 한다면 누구나 실력을 높일 수 있다. '국영수를 중심으로 교과서만 봤어요'라고 말하는 수능 만점자의 뻔한 인터뷰 같겠지만 어쩔 수 없다. 더 이상 새로운 사실은 없다.

한 가지 첨언하자면, 어린 학생들의 경우에는 선생님이 정말 중요하다. 만약 아이의 과외 선생님을 찾는다면 학벌이 좋은 사람이 아니라 아이가 좋아하는 선생님을 찾아야 한다. 아이들은 이 선생님이 얼마나 좋은 학교를 나왔는지는 전혀 관심이 없다. 선생님이 싫으면 공부도 안 한다. 다들 어린 시절을 떠올려 보면 공감이 될 것이다. 나도 중학교 때 영어 선생님이 예쁘고 옷도 잘 입어서 더 잘 따랐다. 언니가 없던 나는 외모에 궁금한 것들을 해결할 곳이 없었는데, 수업 중간중간 짧은 잡담 시간에 정말 많은 뷰티 팁을 전해 받았고, 그 시간은 나를 더 열심히 공부하게 만드는 자극제가 되었다(그 선생님과는 지금도 연락하며 지낸다).

성인도 마찬가지다. 처음으로 골프 레슨을 받는 사람에겐

이 선생님이 선수로서 얼마나 높이 올라간 사람인지는 중요하지 않다. 이제 막 골프를 시작하는데 뭐 얼마나 대단한 기술을 전수받을 수 있겠나. 그저 내가 골프에 재미를 붙일 수 있도록 응원해 주고, 골프가 재미있는 스포츠라는 걸 알 수 있도록 도와주는 선생님이 최고다.

인생을 바꾸는
돈 관리, 시간 관리

　먼저 잔소리를 좀 해야겠다. 여성 여러분, 제발 돈을 현명하게 관리하세요. 재정 관리의 중요성은 남녀를 불문하고 모두에게 필요한 것이지만 내가 특히 여성들에게 강조하는 데에는 이유가 있다.

　결혼을 하고 출산과 육아를 하다 보면 자연스럽게 남편이 재정 관리를 하게 되는 경우가 많다. 나 역시 경제력이 없는 사람이 아니었음에도 남편이 알아서 하겠거니 싶어 그냥 맡겨 두고 말았는데, 나중에 실체를 알고 나니 내가 그동안 얼마나 지독한 가스라이팅에 휘둘렸는지 깨닫게 되었다. 전남편은 자신이 이렇게 재정 관리를 잘하기 때문에 이만큼의 부를 유지하며 사는 거라고 항상 이야기했지만 그건 전혀 사실이 아니었다. 그런데도 나는 그 말을 반복해서 들으며 스스로 재정 관리 능력이 없다는 생각을 내면화한 것이다.

재정 관리 원칙은 생각보다 단순하다. 몇 권의 책이나 강의만으로도 기본적이고 상식적인 수준의 지식을 획득할 수 있다. 그러니 돈 관리는 직접 하자. 스스로 돈을 버는 것이 가장 좋지만, 그럴 여력이 안 된다면 적어도 자신이 재정 관리의 주체가 되라고 말해 주고 싶다. 직접 돈을 관리해 봐야 진짜 가치 있는 자원이 무엇인지 알게 된다.

가치 있는 것에 시간을 써라

'시간은 금이다'라는 흔하디흔한 속담은 진실이다. 시간은 금이다, 돈이다, 미래다, 재정적인 가치가 있다. 그걸 깨닫지 못한 사람들이 사소한 생필품을 조금이라도 싸게 사기 위해 밤새 인터넷 쇼핑 페이지를 수십 개씩 열었다 닫기를 반복한다. 그렇게 최저가에 물건을 사고 나면 남들보다 싸게 샀다는 만족감을 느끼고 돈을 아꼈다는 사실에 뿌듯해한다. 그런데 그게 정말 돈을 아낀 것일까?

자신의 시간에 값을 매겨 보자. 나의 연봉을 시간으로 나누어 시간당 가치를 계산해 보면 과연 어떤 활동에 내 시간을 쓰는 것이 더 값진 일인지 알게 될 것이다. 시간당 시급이 3만원이라면, 5천 원을 할인받기 위해 2시간 동안 인터넷 쇼핑을 한 것이 정말 이득일까? 2시간 동안 당신이 할 수 있었던 수많은 일들을 떠올려 보라.

그 시간을 자기 개발이나 포트폴리오 관리에 투자했다면 어땠을까. 가장 큰 이득은 작은 지출을 아끼는 게 아니라 잠재적 수입을 늘리는 것이다. 승진과 이직을 돕거나 새로운 기술을 습득하기 위한 공부에 그 시간을 썼다면 시간은 수입으로 돌아왔을 것이다. 아니면 온전히 쉬거나 나를 행복하게 하는 일에 투자했다면 어땠을까. 친구를 만나거나 아이와 놀아 주거나 배우자와 즐거운 시간을 보낼 수도 있었다. 그건 분명 5천 원보다 가치 있는 시간이다.

'월급 200만 원 벌어 봤자 아이 보육비로 다 나갈 바엔 회사를 그만두고 200만 원을 벌지도 쓰지도 않겠어.' 이런 생각을 했다면 당장 그 생각을 버려라. 당신이 회사를 그만두고 아이를 보면서 경력이 중단되는 순간, 지금까지 쌓은 커리어의 가치 또한 급락한다. 특히 한국에서 경력 단절 여성의 재취업이 얼마나 어려운지, 설령 재취업이 되더라도 몸값이 얼마나 폭락하는지 안다면 당장의 플러스마이너스제로만 생각하지 말고 현재의 커리어를 이어 나가는 데 시간을 쏟길 바란다. 설령 보육비로 월급이 다 소진된다 해도 괜찮다. 아이는 언젠가 자라서 자립하고, 밑 빠진 독에 물 붓기 같던 월급도 다시 제자리를 찾을 것이며, 축적된 커리어는 당신의 자산이 될 것이다.

가치 있는 것에만 돈을 써라

나는 쇼핑 욕구가 생길 때마다 아마존이 아니라 로빈후드에 들어간다. 로빈후드는 주식이나 암호화폐 등을 사고팔 수 있는 앱이다. 이곳에서 소량의 주식을 사는 것이다. 쇼핑을 하면 반짝 기분이 좋겠지만, 소비재는 결국 쓰레기가 된다. 언젠가 버려지고 소비되고 사라질 것들에 돈을 쓰고 나면 무엇이 남나?

명품을 사고 싶은데 그만한 돈은 없으니 애매한 명품을 사는 경우도 정말 말리고 싶다. 가치도 없고 실용적인 것도 아니고 중고로 팔기도 애매한 '준명품' 같은 걸 사서 명품 대신 만족감을 느낄 바에야 차라리 돈을 더 모아서 진짜 명품 하나를 사는 게 낫다. 그리고 명품 가방을 사겠다면 이왕이면 샤넬이나 에르메스를 사라. 어중간한 것들은 가치가 급격히 떨어지는데, 실제로 샤넬과 에르메스는 중고로 팔아도 오히려 구입한 가격보다 더 받는 경우도 있다. 진짜 명품은 적어도 급할 때 현금화라도 할 수 있다. 마치 골드바에 투자하는 것처럼. 그러니 제발 쓸데없는 것을 사면서 '시발비용'이니, 스트레스 해소니 하지 말고 가치가 있는 것에 돈을 써라.

그리고 투자하기 전에 반드시 스스로 공부할 것을 강력히 권한다. '아는 오빠가 사라고 해서 샀다'고 말하며 주식 투자를 하는 사람이 정말 많은데, 보통 그런 '아는 오빠'는 전문가도 아니고 그냥 동네 오빠인 경우가 대부분이다. 도대체 뭘 믿고 그런 조언에 지갑을 여는지 모르겠다. 당신이 힘들게 일해서 번 돈이다. 그렇게 아무 생각이 없으면 안 된다.

돈 이야기를 편히 할 수 있는 친구를 사귀어라

젊을 때는 친구들과 돈 이야기를 하는 게 좀 껄끄럽고 부담스러울 수 있다. 그래도 나는 후배들에게 친구들과 돈 이야기를 편하게 할 수 있어야 한다고 강조한다. 만나서 무슨 시술이 좋다더라, 무슨 백이 유행이더라, 누가 어떤 남자를 만났는데 걔가 이랬다더라 하는 이야기밖에 못하는 관계라면 과감하게 정리하라고 권하고 싶다. 도대체 왜 그런 의미 없는 수다에 시간을 허비하고 있나?

물론 친구 사이에 꼭 생산성 있는 이야기만 나눠야 하는 건 아니다. 때론 아무 의미 없는 수다를 떨며 친목을 도모할 수도 있다. 하지만 잡담 말고도 다양한 이야기를 나눌 수 있는 관계여야 한다. 거기에는 당연히 돈에 대한 것도 포함된다.

세금과 투자, 부동산, 사업, 직원 관리 등 자산과 일에 대해 이야기하며 발전적인 대화를 나눌 수 있는 친구라면 서로에게 훨씬 의미 있는 존재가 되지 않겠는가.

완벽해질 때까지 기다리지 마라

사람들은 재정 관리라는 숙제 앞에서 자신의 상황이 특별하다고 착각한다. 자신이 처한 상황이 특수하기 때문에 그에 맞는 재정 관리 계획을 세우기가 어렵다고 호소하는 것이다. 하지만 세상에 완벽한 재정 계획과 관리란 없다. 각자의 상황에 따라 유연하게 적용하기 나름이다.

사람마다 리스크를 감수하는 범위도 다양하다. 가령 주식이 1~2%만 떨어져도 불안해하는 사람이 있고, 10% 떨어지면 오히려 기회로 생각하며 추가 매수를 하는 사람도 있다. 결국 자신의 재정 상태를 정확히 파악하고 나에게 맞는 관리법을 연구하며 적절한 길을 찾아가는 수밖에 없다.

모든 정보를 알 때까지, 최적의 선택을 찾기 전까지 아무것도 시작하지 않으려는 완벽주의 성향 역시 재정 관리에 도움이 되지 않는다. 완벽한 타이밍과 완벽한 결정이란 존재하지 않기 때문이다. 전문가들조차 미래를 정확히 예측할 수 없다. 그러니 우리는 공부한 정보를 바탕으로 자신의 상황에 맞게 투자를 할지, 저축을 할지 결정할 뿐이다. 지금 당장 시작해라. 적은 금액이라도 좋다. 실수해도 괜찮다. 그 과정에서 배우는 것이 중요하다.

밀어 주고 끌어 주는
공동체 만들기

'세상에, CEO는 일론 머스크, 마크 저커버그처럼 코딩 천재거나 괴짜들이 하는 건 줄 알았는데 뭐야, 일반인 같잖아?'

비즈니스 스쿨에 갔을 때 놀랐던 점은 사람들이 생각보다 너무 평범했다는 것이다. 나는 정말 성공한 CEO는 웬만큼 미친 사람들인 줄 알았다. 그런 사람들만이 혁신을 일으키고 뭔가 대단한 업적을 남기는 줄 알았다. 그런데 비즈니스 스쿨에서 만난 대부분의 CEO들은 동네에서 흔히 볼 수 있는 평범한 일반인이었다. 그들은 오히려 조용히 회사를 다니면서 리스크를 최소화하며 창업을 준비해 안정적으로 회사를 운영하고 있었다. 그들을 보니 나도 CEO에 대한 고정관념을 깨고 그 자리에 나를 대입해 보게 되었다.

내가 UC버클리를 지원한 이유는 주변에 그 학교를 다니는 언니가 있었기 때문이다. '나랑 비슷한 언니가 저 학교에 다니는구나. 그럼 나도 갈 수 있겠다.' 비즈니스 스쿨에서 만난 CEO들을 보면서도 같은 생각을 했다. '나랑 비슷한 사람들이 CEO를 하는구나. 그럼 나도 할 수 있겠네.'

개인적으로 롤모델이라는 말을 별로 좋아하지 않는다. 너무 작위적이어서 부자연스러운 느낌이 들기 때문이다. 뭔가 남의 인생을 모방하는 느낌이랄까. 나는 롤모델 대신 당신에게 영감과 자극이 되는 사람이 되고 싶다. '나와 비슷한 사람이 이런 것도 하네? 나도 할 수 있겠다'는 생각을 불러일으킬 수 있는 사람. UC 버클리에 다니는 아는 언니나 비즈니스 스쿨에서 만난 CEO들처럼 '나와 비슷해 보여도 이만큼 성공할 수 있고 색다른 도전을 할 수 있다'는 가능성을 보여 주는 사람 말이다.

서로가 서로의 발판이 되어 주는 관계

여성들이 네트워킹을 할 때는 눈치 볼 게 많아진다. 특히 회사에서 자칫 잘못하면 '패거리 문화'를 형성한다고 말이 나올 수 있다. 역차별이라는 오해를 살까 봐 여성 상사가 여성 직원을 승진시킬 확률이 낮다는 보고도 있다. 그럼에도 나는 여성들이 서로를 밀어 주고 끌어 주는 네트워킹에 좀 더 적극적이길 권한다.

커뮤니티는 단순한 모임이 아니다. 서로의 가능성을 확장하고 새로운 시각을 보여 주는 성장의 장이다. 경험과 지식을 공유하고 여성들이 직면한 사회적, 직업적 장벽을 함께 극복하는 데에 중요한 역할을 할 수도 있다. 하지만 역시 막연하다. 우리는 어떻게 연결될 수 있을까.

사실 너무 어렵게 생각할 것 없다. 여성 네트워크를 구축한다고 처음부터 거창한 프로그램을 기획하거나 사람을 모을 필요는 없다. 인간관계는 일대일에서 시작된다. 서로 마음이 맞는 소수의 사람끼리 자주 소통하고 교류하다가 그 연결 범위를 조금씩 넓혀 가면 된다. 일대일로 만났는데 잘 맞는다면 다음에는 세 명이 되고, 또 그다음에는 네 명이 될 수 있다. 네트워크를 넓혀서 공동체를 키워 가는 것이다.

하다못해 친한 친구들끼리의 단톡방이 여성들의 임파워링을 위한 커뮤니티로 발전할 수도 있다. 우연히 알게 된 동료들끼리 접점이 있다면(내 동료의 전 회사 동료가 내 후배라든지, 내 선배의 동아리 동문과 내가 친한 동료라든지) 다 같이 점심 한번 먹자는 제안으로도 네트워킹은 시작될 수 있다. 여기서 공통의 관심사를 발견한다면, 관심사가 비슷한 또 다른 동료를 한 명씩 데려오자고 제안할 수도 있다. 그렇게 네트워크는 자연스럽게 확장될 것이다.

  성공적인 네트워크의 이면에는 '진정성'이 깔려 있다. 내가 상대에게 뭔가를 주면 나도 뭔가를 받겠다는 계산으로 사람을 만날 필요는 없다. 장기적으로 가치 있는 네트워크는 특정한 목적을 생각하지 않고 인간 대 인간으로 진솔하게 소통할 때 형성된다. 한마디로 '서로에게 도움이 되겠다는 진정성 있는 마음' 하나면 누구와도 연결될 수 있다.

나를 망치러 온 나의 가족 버리기

　대학을 졸업하고 직장에 다니며 독립적인 삶을 살아가는 여성들이 여전히 가족으로 인해 고통받고 있다는 사실은 나를 분노하게 만든다. 한창 자신의 커리어를 확장해 나가면서 열정을 불태워야 할 시기에, 유해한 가족으로부터 발목을 잡힌 채 끌려 다니는 후배들을 보면 안타까움을 넘어 화가 치미는 것이다.

　너무 많은 여성들이 가족으로부터 정서적 폭력을 경험하고 경제적으로 착취당하고 돌봄을 강요받는다. 성인이 되어서도, 심지어 결혼하여 자신의 가족을 꾸린 뒤에도 이런 희생적 요구가 계속된다. "그래도 가족인데", "그래도 부모인데"라는 굴레에 갇혀 관계를 끊어 내지 못하고 영원히 고통받는 여성들에게 좀 더 용기를 내라고 말해 주고 싶다. 가족을 버릴 용기 말이다.

가족이 아닌 가족은 끊어도 좋아

세상엔 정말 별것도 아닌 일로 평생 인연을 끊는 사람도 많다. 그런데 왜 가족에게는 '손절'이 적용되지 않는가. 손절은 쿨한 게 아니고 권할 만한 것도 아니라고 이야기했지만, 지독하게 유해한 가족이야말로 손절이 필요한 대상이다.

나를 소중하게 대하지 않는 관계는 가족이라도 유지할 필요가 없다. 가족이 뭔가? 서로를 존중하고 사랑하고 돌보고 이해하고 아껴 주는 존재다. 마땅히 그래야 할 가족이 나를 고통스럽게 한다면, 이미 가족으로서의 의미를 잃은 것이다. 만날 때마다 기분이 나빠지고 나에게서 뭔가를 얻어 내려고만 한다면 그건 그냥 포식자 이상도 이하도 아니다. 부모와의 갈등이 심각한 수준이거나, 착취적인 관계에 시달리거나, 딸로서 특히 더 희생을 강요받는 상황에 빠져 있다면 하루빨리 당신을 망치러 온 당신의 가족들과 멀어지자.

또 세상엔 용서할 수 없는 일들이 있다. 예를 들어, 친밀한 사이에서 벌어지는 성폭력은 누가 누굴 용서하고 말고 할 일이 아니다. 혹시라도 가족의 어떤 행동들이 용서의 범주를 넘어섰다면 더욱 관계를 끊는 것이 최선이다. 그런 상황에서 피해자의 편에 서지 못하는 가족이 있다면, 그 역시 가족으로서 자격은 없다. 그러니 끊어 내도 괜찮다.

부모도 인간인지라 어떤 사람은 부모로서 제 역할을 하는가 하면 어떤 사람은 정신적으로 미숙하거나 폭력적인 경우도 있다. 안타깝지만 그럴 수 있다고 생각한다. 여러분이 같은 성인으로서 부모를 평가했을 때 그들이 여전히 성숙하지 못한 어른이라면 그들에게 당신의 고통을 호소하지 않기를 권한다. 당신의 아픔을 알아주리라 기대하지 않기를 권한다. 당신의 상처를 보듬어 달라 요구하지 않기를 권한다. 부모로서, 아니 인간으로서 여전히 미숙한 사람들은 대체로 자신의 잘못을 영원히 알지 못한다. 그러니 당신의 괴로움을 알아주기를 기대하지 말고, 그런 노력에 에너지를 낭비하지도 말고 자신의 인생을 살았으면 좋겠다.

딸도 아내도 아닌 '나'로 살아가기

결혼한 여성들은 특히 시댁과의 관계에서 새로운 괴로움을 맞닥뜨리는 경우가 많다. 시댁 식구들과 잘 맞아서 무리 없이 잘 지낸다면 정말 다행이지만 그렇지 못한 경우 괴롭기 그지없을 것이다. 시댁과 나 사이에는 남편이라는 존재가 있으니

원가족보다 관계를 평가하기 훨씬 까다롭다. 싫다고 무작정 끊기도 어렵고, 애써서 잘 지내기에도 힘이 든다.

만약 무작정 끊기 어려운 상황이라면 관계의 무게를 가볍게 만들어 보는 것도 방법이다. 사실 시부모는 원래 남이다. 남편을 통해 알게 된 남의 부모이지 않은가. 그런데 시어머니가 매주 안부 전화를 하라고 한다? 전화해서 할 말도 없고 재미도 없는데? 그래도 뭔가 도리를 다하겠다는 생각으로 해보겠다고 결심했다면, 시댁은 거래처고 안부 전화는 업무라고 생각해 보자. 안부 전화를 한 번 할 때마다 승진 점수가 10점씩 올라가는 상상을 한다든가, '일주일에 한 번 시댁에 전화하는 건 내 부업이다'라는 생각을 한다든가. 그렇게 하면 마음이 좀 덜 힘들지 않을까?

반쯤은 농담이지만, 결혼을 통해 새롭게 만들어진 가족과의 관계는 나빠지기 전에 예방하는 것도 괜찮다. 새로운 가족은 백지 상태에서 새롭게 시작하는 관계니까 어쩌면 원가족보다 부담이 덜할 수도 있다.

가족과의 관계에서 중요한 것은 자신의 행복과 마음 건강이다. 가족이라는 이유만으로 해로운 관계를 견디는 것은 불필요한 고통이지 않은가. 유해한 가족에게서 벗어나는 것은 나를 보호하는 행위이며, 자기 사랑의 표현이다. 여성 후배들이 딸로서, 아내로서 부당하게 지워진 책임과 의무에서 벗어나 자신이 열정을 갖는 일에 몰두하며 자유롭고 건강하게 살아갔으면 한다.

워킹맘이라서
오히려 좋아

"그렇게 바쁜 와중에 어떻게 아이 도시락을 직접 챙겨요?"

아이의 도시락을 싸는 건 내 큰 기쁨이자 즐거움이다. 바쁜 와중에도, 도시락을 굳이 직접 싸지 않아도 될지라도, 나는 아이의 도시락을 만드는 일이 그저 즐겁고 행복하기 때문에 한다. 빠른 시간 안에 건강하고 다양한 요리를 예쁘게, 휘리릭 완성하는 것이 마치 스포츠에 임하는 선수 같아서 재미있다. 수제 믹스커피를 제작하던 어린 날의 내 모습이 떠오르기도 하고.

워킹맘이자 싱글맘으로서 아이를 키우고 일도 하는 내 일상을 지켜본 이들은 도대체 어떻게 시간 관리를 하는지, 두 일을 병행하며 생기는 고단함을 어떻게 이겨 내는지 궁금해하곤 한다. 하지만 나는 정말 자신 있게 말할 수 있다. 나는 워킹맘이라서 오히려 좋다.

워킹맘이라고 하면 다들 일과 육아 모두에게 치이는 피곤한 엄마를 떠올린다. 물론 그럴 수 있다. 한 가지에 몰두하는 것보다는 여러 가지 일을 동시에 해내는 게 더 난도가 높은 일일 테니까. 하지만 지나치게 그런 편견에 사로잡혀서 실제보다 더 비참한 상황을 상상하는 것은 아닐까? 육아는 쉽지 않고, 여성이 사회에서 성공하는 것도 쉽지 않다. 이 둘을 모두 성공하는 건 더더욱 쉽지 않다. 하지만 불가능하지 않다. 심지어 즐겁게 해낼 수 있다. 내가 했으니까 당신도 할 수 있다.

지금부터는 워킹맘 독자 여러분에게 꼭 당부하고 싶은 말들을 전하려 한다.

완벽한 엄마보다 행복한 엄마

나는 '완벽한 엄마' 신화에 갇히지 않으려고 노력한다. 그래서 모든 걸 내가 다 할 필요는 없다고 생각한다. 좋은 엄마가 되려면 우선 행복한 엄마가 되어야 한다. 아이는 내 삶에서 가장 중요한 존재이지만, 내 삶의 전부는 아니다. 아이가 삶의 전부가 되어 버리면 '내가 너 때문에 뭘 포기했는데', '어떻게 엄마한테 그럴 수가 있니'라는 식의 비난과 원망을 부르기 쉽다. 그것 자체가 아이에게는 스트레스이고 압박이며 나아가 정신적 학대가 되기도 한다.

'너는 커서 의사가 되어야 해', '안정적인 삶을 꾸려야 해', '검사가 되어서 권력을 가져야 해' 식의 기대는 곧 엄마의 결핍을 고스란히 아이에게 투영하는 것이다. 엄마가 여유가 있어야 아이에게 뭔가를 요구하지 않을 수 있다. 내가 아쉬운 게 많을수록 아이에게 바라는 게 많아지기 때문이다.

"네가 행복한 거 하면서 살아. 엄마도 엄마 하고 싶은 거 해서 행복했어."

나는 우리 아이에게 이런 말을 해 줄 수 있는 엄마가 되고자 한다. 어떤 삶이 좋은 삶인지, 행복하고 편안한 삶인지, 나의 삶 그 자체로 증명하고 싶다.

아이에게 다 해 주지 마라

내가 엄마로서 중요하게 생각하는 가치관은 아이의 손발이 되지 않는 것이다. 아이와 함께 논다는 건 서로 상호작용을 하며 정서적 교감을 나누는 것이지, 엄마가 놀이를 주도하는 게 아니다. 아이는 혼자서도 놀이를 찾을 수 있어야 하고, 심심함도 견딜 줄 알아야 하며, 자신의 일상을 주도적으로 꾸려

갈 수 있어야 한다. 그러니 모든 것을 대신해 주려 전전긍긍하지 않아도 된다.

아이는 세 살 정도가 되면 자신의 존재에 대해 생각하기 시작한다. 나는 왜 태어났는지, 나의 존재 의미는 뭔지 궁금해한다. 그럴 때 아이에게 '할 일'이 생기면 자존감 형성에 큰 도움이 된다. 나의 아이는 내가 집안일 하는 걸 보고 자기도 뭔가를 하고 싶어 했다. 그래서 아이가 만 세 살 될 무렵부터 자잘한 집안일과 본인을 돌보는 일을 시켰다.

고양이 밥 주고 물 갈아 주기, 계란 껍데기 까기, 식탁에 물 떠 놓기 같은 쉬운 일들을 대단히 중요한 일처럼 안겨 줬다. 요리 시간에는 어린이용 플라스틱 나이프로 부드러운 버섯, 애호박, 두부를 자르게 했다. 그랬더니 만 네 살부터는 스스로 침대를 정리하고, 급기야는 네스프레소 커피를 내려 내가 좋아하는 귀리우유 라테도 만들어 줬다(아이스도 가능하다). 만 다섯 살부터는 스크램블드에그를 만들기 시작했다(불을 쓸 땐 반드시 옆을 지켰다). 이렇게 할 일을 하게 해 주면 아이는 늘 자신이 저녁을 차리는 데 중요한 도움을 줬다며 기뻐했다. 나는 아이가 청소년이 되어도 이렇게 할 것이다. 작은 성공을 경험하면서 아이는 성취감을 느끼며 자존감이 높아진다. 해내는 것을 즐기게 되면, 그다음에는 더 큰 일을 해내고 싶어 하기 마련이다.

아이는 종종 물을 흘리고, 다 만든 커피를 쏟거나, 계란 물을 엎기도 한다. 그럴 땐 화내지 않고 침착하게 "괜찮아. 수건으로 닦으면 돼" 하며 직접 닦을 수 있도록 수건을 건네준다. '엄마는 네가 이걸 해낼 수 있는 사람이라고 믿는다'는 메시지를 전하며, 아이가 실수해도 괜찮다는 사실을 배우길 바랐다. 아이는 자신을 믿어 주는 대상을 통해 스스로에 대한 믿음과 자존감을 키워 간다. 아이와 일상의 일을 함께 나누면 TV도, 몬테소리 장난감도 필요 없다. 장난감 키친에서 노는 게 아니라 실제 키친에서 나의 부주방장으로 맹활약하고 있으니 말이다.

제니퍼 브레니 월리스Jennifer Breheny Wallace는《내 아이를 위한 매터링 코칭》에서 아이에게 진정으로 필요한 것은 압박이 아니라 '나는 중요한 존재'라 느끼는 내면적 자존감이라 설명한다. 어릴 때부터 자신이 중요한 존재임을 가르치면 아이들은 공동체에서 자신이 가치 있는 구성원이라는 걸 인식하고 심리적으로도 안정된 상태로 성장할 수 있다는 것이다.

보통은 아이가 좀 크면 '너는 그런 거 할 필요 없으니까 공부나 해라' 하는 식이 되어 버리는데, 고등학생이 라면 하나 못 끓이고 계란프라이 하나 못 하는 건 말이 안 된다고 생각한다. 양육이란, 아이가 온전히 홀로 서서 자신의 인생을 스스로 꾸릴 수 있도록 돕는 일이다. 모든 걸 다 지원하고 대신

해 주며 뒷바라지히는 게 양육의 전부는 아니라고 믿는다.

자라면서 결정할 것들은 계속해서 늘어난다. 어느 학교를 갈지, 무엇을 전공할지, 동아리는 어디에 들어가야 할지, 주식 투자를 해야 할지 부동산을 사야 할지, 결혼은 누구랑 해야 할지 등등 삶은 선택의 연속이다. 그런데 부모가 자녀의 수족이 되어 모든 걸 다 해 주면 스스로 사고하는 능력을 잃는다. 자기 삶에서 중요한 결정들은 스스로 할 줄 알아야 하는데, 그런 능력을 개발하고 발전시킬 수 있도록 도와주는 게 부모의 진정한 역할이다.

가르치지 말고 깨닫게 하기

나는 아이에게 너무 많은 것을 한꺼번에 가르치지 않으려고 애쓴다. 아이들은 한 번에 많은 정보를 받아들이지 못한다. 엄마 욕심에 규칙도 가르쳐야겠고, 책임도 가르쳐야겠고, 위생 관리도 가르쳐야겠어서 이것저것 이야기하게 되면 그건 그냥 무의미한 잔소리가 될 뿐이다. 그러니 마음을 차분하게 먹고 차근차근 하나씩 이야기하자.

예를 들어 아이가 잠자리에 오줌을 쌌다면 "이번 주에 벌써 두 번이나 쌌네? 어떻게 해야 밤에 오줌을 안 쌀까?"하며 같이 브레인스토밍을 한다. 이런저런 생각들을 나눈 다음에 엄마가 결론을 정리한다. "그럼 자기 전에 오줌을 세 번 싸는 걸로 하자. 책 읽기 전에 한 번, 책 읽고 한 번, 자기 전에 한 번. 어때?" 책임을 배울 수 있도록 제안하는 것도 잊지 않는다. "오늘 오줌 싼 이불 벗기는 거 우리 잭슨이 도와줘야 해. 네가 한 거니까 네가 치워야겠지?"

무언가를 가르칠 때는 지시적이거나 명령적으로 말하지 않는다. 가령 아이가 옷을 뒤집어 입었다면 굳이 다시 고쳐 입으라고 강요하진 않는다. 대신 "주머니가 있는 게 앞이야, 뒤야? 그럼 너 오늘 옷을 뒤집어 입은 건 알고 있지?" 이렇게 알려 주기만 한다. 옷을 다시 제대로 입을지 말지는 아이가 결정하게 두는 것이다. 옷을 좀 뒤집어 입어도 괜찮다. 다만 모르고 그렇게 입은 게 아니라 알고도 자신의 선택으로 그렇게 했다는 게 중요한 것이다.

"넌 다섯 살이니까 어느 쪽이 앞인지 뒤인지는 알고 있어야 해. 네가 이렇게 입고 싶어서 그런 거라면 오케이, 괜찮아. 근데 실수로 그런 거면 다시 고쳐 입어도 돼."

아이에게 그만 미안하자

일하는 엄마들은 아이에게 유독 미안해하거나 죄책감을 느끼는 경우가 많다. 아이와 같이 시간을 보내지 못해서, 더 많은 사랑을 주지 못한 것 같아서. 그런 마음은 충분히 이해하지만 나는 전혀 죄책감 느낄 필요가 없다고 생각한다. 그런 마음은 아이에게도 도움이 안 된다. 엄마가 늘 죄인처럼 아이에게 미안한 마음을 갖고 쩔쩔매면 아이도 다 느낀다.

아이도 각자의 시간과 영역을 가지는 것을 배워야 한다. 그건 전혀 미안할 일이 아니고 언젠가는 익혀야 할 것들이다. 아이에게 엄마가 필요할 때 곁에 있어 주지 못했다고 미안해하지 말고, 그것이 자연스럽고 당연한 것이라는 걸 교육하는 게 낫다. 아이가 자꾸만 엄마를 찾고 보채면 무조건 반응하고 쪼르르 달려가 줄 게 아니라 적당한 경계를 지키게끔 하자.

"엄마 지금은 일해야 해. 엄마에게도 해야 할 일이 있어. 너도 네가 하고 싶은 놀이를 찾아봐." 이렇게 말하면 아이도 다른 사람과 경계를 설정하는 법을 배울 수 있을 것이다.

가족은 혼자 꾸려 나갈 수 없다

워킹맘에게 가장 중요한 것은 파트너 혹은 배우자와의 역할 분담이다. 내가 제일 싫어하는 말은 바로 남편들이 아내를 '돕는다'고 표현하는 것이다. 육아와 집안일은 돕는 게 아니라 당연히 함께 해야 할 일이다. 배우자가 '돕는다'고 해도 보통 아내가 훨씬 더 많은 일을 한다. 절대적인 집안일의 양이 문제가 아니다. 아내, 그러니까 엄마들의 가사 노동 안에는, 가사 노동을 기획하는 '기획 노동'까지 모두 포함되어 있다.

기획 노동까지가 일의 완성이다

2019년 통계청 자료에 의하면 하루 평균 가사 노동 시간이 남성은 56분, 여성은 3시간 13분이라고 한다. 집안일의 절대적인 노동량부터 여성이 훨씬 더 많다는 건 그 자체로 사실이다. 이것도 그나마 '기획 노동'이 빠진 시간이다.

기획 노동이란 가사 일에 있어 식생활, 주생활, 의생활, 자녀 돌봄, 가족 간의 교류 행사 등을 유지하기 위해 언제 어떻게 일정을 짜고 구체적으로 무엇을 할지 기획하는 모든 노동을 말한다. 그러니까 아이가 축구를 하고 싶다고 할 때 어떤 축구 학원에 보낼지 검색하고 정보를 모으는 것, 축구할 때 간식은 필요한지 옷은 뭘 입혀야 하는지 생각하고 준비하는 일, 휴지가 떨어졌는지 샴푸가 떨어졌는지 고양이 모래를 주문할 때가 되었는지 체크하고 살피며 구매 계획을 세우는 일, 가족여행을 간다면 언제 어디로 가서 무엇을 할지 일정을 짜고 아이들에게 필요한 물품은 뭔지 파악하고 주문하고 챙기는 일. 이런 모든 것들이 우리가 흔히 말하는 집안일을 '실행'하는 시간에 들어가진 않지만 엄연히 집안일에 포함되는 일이다. 심지어 가사 도우미 같은 타인에게 위탁할 수도 없는 일이다.

그러니 남편이나 파트너는 가사와 육아를 '돕는다'고 말하지 말고 더 많이 해야 한다. 그래야 그나마 동등한 업무를 분담한다고 할 수 있다. 기획 노동은 회사에서 핵심 부서의 책임자나 관리자급이 하는 업무에 해당한다. 그들은 실무를 적게 하는 대신에 회사 운영 전반에 필요한 사업 계획이나 전략을 수립하며 더 많은 월급을 받는다. 여성들은 집안에서 바로 그런 위치에 있는 것이다. 관리자처럼 더 많은 월급을 받고 더 많은 공로를 인정받는 것이 아님에도.

집안 내 불평등 문제를 해결하라

이브 로드스키$^{Eve\ Rodsky}$의 《페어 플레이 프로젝트$^{Fair\ Play}$》는 이렇게 눈에 보이지 않는 가사 노동의 실체를 분석해서 공평하게 일을 분담하는 방법에 대해 이야기한다. 로드스키는 자신을 '기본값이 여성인 부모$^{Shefault\ Parent}$*'로 칭하며, 집안일과 육아가 '당연히' 여성에게 맡겨지는 현실을 비판한다. 여기서 그는 기획 노동과 유사한 개념을 이야기한다.

"한 사람이 집안일을 주도하고 있다면 그것은 진정한 파트너십이 아니다. '일을 위임하는 것'과 '일을 온전히 책임지는 것' 사이의 중요한 차이를 인식해야 한다. 진짜 일을 온전히 책임지는 사람은 먼저 그 일을 기억하고, 계획을 세우고, 누군가 다시 일러 주지 않아도 모든 과정을 끝까지 실행하는 사

---

* 기본값이라는 뜻의 Default에 She를 합성해 만든 조어.

람이다."

그러니까 진정한 의미의 가사와 육아, 그리고 진정한 의미의 분담이란 단순히 그것을 '실행'하는 것에만 있지 않다는 것이다. 따라서 남편 또는 파트너와 가사 및 육아 노동을 분담할 때는 정말 '제대로' 해야 한다.

내가 제안하는 팁은 일을 통째로 나누는 것이다. 예를 들어 나의 경우 수건과 옷을 따로 빨래한다고 했을 때, 파트너는 수건을 책임지고 나는 옷을 책임진다. 그러면 우리 집의 모든 수건 빨래는 파트너가 담당한다. 빨 수건을 정하고 세탁기를 돌리고 건조하고 개어 서랍장에 넣어 두는 것, 그리고 새 수건이 필요할 때 주문하는 과정까지 통으로 책임지게 한다. 그러면 서로 빨래를 했네, 안 했네 할 게 없다.

큰 테마를 정해 줄 수도 있다. 예를 들어 고양이와 관련된 모든 일은 파트너가 책임지게 한다. 그러면 고양이 모래를 주문하는 일, 화장실 치우는 일, 사료와 간식 구매 계획을 세우고 주문하는 일, 놀아 주는 일, 여행 시 고양이 시터를 고용하고 그와 연락하고 페이를 전달하는 일까지 고양이와 관련된 모든 과업은 파트너가 책임지면 된다. 이렇게 하면 '고양이 모래가 떨어졌는데 왜 안 사냐(기획 노동)', '몰랐다(기획 노동 회피)', '사야 된다(잔소리)', '살게(미루기)', '사라(지시)', '왜 잘못 샀냐(비판)'와 같은 논쟁으로 쓸데없는 에너지를 소모할 일이 없다. 이건 마치 주니어 팀원을 훈련시키는 일과 비슷하다.

상대방의 가사와 육아 퀄리티가 성에 차지 않을 때도 있을 것이다. 하지만 내가 하는 게 속 편하다고, 내가 더 빠르고 잘한다고 해서 일을 다 가져오면 그것은 영원히 내 일이 되어 버리고 만다. 그러니 각자가 잘하는 일을 과업으로 지정하고 일의 기획부터 실행, 수습까지 모두 한 사람이 통으로 책임지는 게 효율적인 분업 방식이다.

부모는 한 팀이다

남편이나 파트너와 잘 지내는 데 가장 중요한 것으로 나는 '잘 싸우는 것'을 꼽는다. 싸우는 건 가치 있는 일이다. 관계는 갈등을 해소해 나가면서 성장하고 성숙한다. 물론 의미 없는 말싸움이나 일방적인 비난은 예외다.

생산적이지 못한 싸움이 계속된다면, 예를 들어 둘 다 집안일을 서로에게 미루다가 싸우게 된다면 차라리 가사 도우미를 고용하는 게 낫다. 두 사람이 모두 집안일에 재능이 없거나 할 의향도 없다면, 그 문제를 없애 버리는 것이다. 계속 싸우다가 이혼하면 가사 도우미를 부르는 것보다 더 비싼 값을 치르게 될 것이다. 가사 도우미가 집안일을 하는 동안 두 사람이 휴식 시간을 갖는 것도 분명히 가치가 있다. 같이 산책을 나가며 즐거운 시간을 보낸다든가, 함께 취미 활동을 하며 관계를 다지는 일도 중요하다.

아이 교육에 대한 가치관이 다르다면 서로의 솔직한 의견을 나눠야 한다. 그리고 결정한 것은 함께 지켜야 한다. 이 과정은 싸움이 되어서는 안 되며, 특히 아이 앞에서는 절대 싸우면 안 된다. 나의 경우 전남편과 공동육아를 하면서 교육관을 합의하기가 쉽지 않았다. 아이가 맥도날드에 자주 가지 않았으면 좋겠는데, TV를 자주 보지 않으면 좋겠는데 전남편은 그런 규칙을 따를 생각이 없어 보였다. 결국 내가 고안한 방법은 전문가의 의견을 전달하는 것이었다. 아이의 담당 소아과 의사에게 정기 검진 결과를 안내하는 자리에서 '건강과 발달상의 이유로 이런 부분들을 제한해 달라'는 의견을 남편이 들을 수 있도록 요청한 것이다.

이혼 가정의 경우 아이가 엄마 집과 아빠 집을 오가며 일관적이지 않은 교육과 훈육 앞에서 혼란을 느낄 수도 있다. 그러니 이혼을 했더라도 부모가 일관성 있는 양육을 할 수 있도록 많은 이야기를 나누고 합의점을 찾는 게 좋다. 아이들은 우리가 생각하는 것보다 똑똑하므로 잘 적응한다. 아빠 집에 다녀온 아이가 "아빠 집에서는 TV를 오래 보여 주는데"라고 말하며 나를 설득하려고 할 때가 있다. 그럴 땐 "응, 그래도 엄마 집에서는 이렇게 해야 해"라고 말해 준다.

가정을 꾸리는 일은 하나의 회사 또는 하나의 팀을 운영하는 일과 다르지 않다. 집에서 떨어진 생필품을 확인하고 구매 계획을 세우는 일은 팀의 프로젝트를 기획하고 계획을 세우는 것과 같고, 부부가 집안일을 분배하고 처리하는 방식을 협의하는 것은 프로젝트 업무를 분배하고 진행 방식을 논의하는 것과 같다. 집안일을 분배할 때 각자 한 덩이의 일을 통째로 책임지는 것이 가장 효율적이듯, 프로젝트의 처음부터 끝까지 스스로 장악해 보는 것이 일을 배우는 가장 효과적인 방법이다. 충분한 대화를 통해 문제를 해결하는 것이 부부에게 중요한 것처럼, 회사에서도 충분한 토론을 통해 문제를 해결하는 것이 중요하다. 그러니 설령 자신이 전업주부라고 해도 자신의 일을 하찮게 여기지 말자. 당신은 팀원을 성장시키고 팀을 운영하는 리더이자 가정의 경영자다. 이 과정의 짐을 홀로 짊어지려고 하지 말자. 어떤 회사도, 어떤 팀도 혼자 잘해서 잘되는 경우는 없다.

가스라이팅이라는 그림자

돌이켜 보면 많은 신호들이 있었다. 나를 존중하지 않는 가시 돋친 말을 들으며 조금씩 자아를 잃어가고 있었음에도, 그런 신호들이 수없이 많았음에도 가스라이팅에서 벗어나기는 쉽지 않았다.

"너는 대체 뇌를 어디다 쓰는 거야? 너의 작은 뇌를 가끔이라도 좀 썼으면 이런 소란이 일어나지 않았을 텐데."

출근해야 하는데 차 키를 어디에 뒀는지 기억이 나질 않아 다급하게 찾고 있던 나에게 전남편이 혀를 끌끌 차며 한 말이다. 누구나 차 키 한 번쯤은 깜빡할 수도 있는 거 아닌가? 하지만 그는 늘 이렇게 모욕적인 말을 했다. 나조차도 나를 의심하기 시작했다. 나한테 진짜 문제가 있는 걸까?

삶이 이런 식으로 흘러갈 줄은 몰랐다. 나는 분명 회사에서 인정받는 사람이고 명문대에서 정치와 경제를 공부했고 MBA 학위도 있는 사람이다. 그런데 이상하게 집에만 오면 나는 아무것도 아닌 사람이 되어 있었다.

"너네 회사 매니저는 일도 오래 했는데 별로 좋지 않은 집을 렌트해서 살고 있지 않아? 걔랑 너의 차이가 뭔지 알아? 너는 나처럼 능력 있는 남편이 있고, 걔는 없다는 거야."

지금 생각하면 이게 다 뭔 개소리인가 싶지만, 그때는 그의 이런 말에 아무런 대꾸도 못 했다. 돈 문제를 신경 쓰기 싫다는 이유로 재정 관리를 모두 그에게 맡겼더니 그는 자기가 재정 관리를 아주 잘해서 우리가 이렇게 잘사는 거라고 우겼다. 물론 그건 사실이 아니었다. 나는 매년 그보다 훨씬 많은 돈을 벌고 있었고, 이혼 후에는 내가 그에게 위자료로 한 달에 700만 원씩 지급해야 했다. 지나고 보니 경제권을 넘겨주는 건 내 삶의 통제권을 조금씩 넘겨주는 일이나 마찬가지였다.

나도 내가 왜 그렇게 폭력적이고 모욕적인 말들을 수긍하고 있었는지 모르겠다. 그는 내 삶을 아주 디테일하게 갉아먹으며 내 정신을 잠식해 가고 있었다. 그렇다, 나는 전형적인 가스라이팅의 피해자였다.

누구도 당신의 가치를 깎아내릴 수 없다

전남편의 흉을 구구절절 늘어놓고 싶지는 않다. 내가 하고 싶은 이야기는, 남편이든 부모든 친구든 상사든 타인의 가스라이팅에 빠지지 않도록 주의하라는 것이다. 친밀한 관계일수록 피해자가 되기 쉬워진다. 가스라이팅이라는 말은 영화 〈가스등〉에서 남편이 아내를 정신 이상자로 몰기 위해 세뇌시킨 장면에서 유래되었다. 이처럼 부부 사이에서 어느 한쪽이 다른 한쪽을 세뇌시키는 일은 흔히 벌어진다.

이런 상황에 빠지지 않으려면 사회적 관계를 절대 놓아서는 안 된다. 포식자가 대상을 사회적으로 고립시키는 건 아주 전형적인 가스라이팅 양상이다. 피해자가 주변 사람의 도움으로 상황을 객관적으로 보기 시작하면 가스라이팅은 실패하기 때문이다. 그러니 그들은 가장 먼저 친구나 가족, 동료들과의 관계를 통제하려 할 것이다. 귀가 시간을 강박적으로 체크하거나, 소셜 활동을 하지 못하게 하거나, 회사를 그만두게 하고 가족과 만나지 못하게 한다면 위험 신호다.

가스라이팅을 당하면 상황을 객관적으로 보기 어려워진다. 그러니 뭔가 이상하다 싶으면 상황을 제삼자의 관점에서 볼 수 있도록 친구나 가족과 공유해야 한다. 나 역시 내가 나를 믿지 못하겠는 혼란스러운 느낌이 들었을 때 이런 상황들을 친구에게 털어놓았다.

"너 그거 정상 아니야. 네가 어떤 일을 했든 간에 사람이 사람에게, 특히 사랑하는 사람에게 그런 말을 하는 건 정말 비정상적인 거야."

친구와 이야기를 나누면서 그제야 나는 뭔가 잘못됐다는 걸 느꼈다. 가스라이팅을 당하면 끊임없이 스스로를 의심하게 된다. 이게 맞나? 내가 잘못된 걸까? 나는 정말 바보일까? 그런 생각에 한번 빠지면 쉽게 빠져나오지 못한다. 그러니 늘 자신을 귀하게 여기고 누구도 나의 가치를 깎아내릴 수는 없다는 사실을 떠올려야 한다. 이런 관계에서 나를 지켜 내려면 내가 나를 믿어야 한다.

몇 년간 격주의 심리 상담을 받고 나르시시스트 관련 서적들을 읽으며 지금은 많이 자유로워졌지만, 이혼한 지 얼마 되지 않았을 땐 약간의 후유증이 남아 있었다. 바로 인간을 판단하는 기준이 너무 낮아져 버린 것이다. 사람이라면 마땅히 그래야 하는 말과 행동에도 쉽게 감동하고, 아주 사소한 친절에도 놀라워하며….

"아니, 내가 차 키를 자주 잃어버리잖아. 못 찾으면 출근을 못 하게 생겼는데도 그분은 웃으면서 '언젠가 나오겠지' 이러는 거야. 너무 스윗하지 않아?"

지금 생각하면 어이없는 나의 말에 친구는 이렇게 답했다.

"정말 축하해. 근데 그게 정상인 거야! 제발 그런 걸로 사랑에 빠지지 않겠다고 나랑 약속해. 차 키 좀 잃어버렸다고 너의 뇌 사이즈 운운하면서 인격 모독을 하는 게 비정상인 거라구."

항상 나에게 사람 보는 기준을 올려야 한다며 뼈 때리는 이야기를 많이 해 준 친구들에게 정말 감사하다.

〈돌싱글즈4〉, 용기를 나눠 준 경험

이혼이 자랑스러울 일도 아니지만 감추고 부끄러워할 일도 아니니, 무료한 싱글맘의 삶에 재미있는 일이 될 수 있을까 해서 이혼남녀의 데이팅 프로그램인 〈돌싱글즈4〉에 출연하기로 마음먹었다. 꼭 다시 파트너를 찾겠다는 의지가 강했다기보다는 이혼 후의 삶도 소중한 나의 삶이라는 걸 자연스럽게 보여 주고 싶은 마음이 컸다. 아마도 나를 처음 본 사람들은 '세 보인다! 강해 보인다! 세상 무서울 게 없어 보인다!' 같은 인상을 갖겠지만 이렇게 세 보이는 사람도 가스라이팅에 당할 수 있고, 이혼할 수 있다는 걸 보여 주고 싶었다.

프로그램에 출연하고 뜻밖의 수확들이 있었다. 가장 좋았던 건 주변 사람들로부터 고맙다는 인사를 받는 순간들이다. 실제로 좀 별로인 남자랑 사는 친구가 있었는데, 그 친구의 엄마로부터 연락이 와서 '소라 덕분에 딸이 이혼할 수 있었다'는 말을 듣게 되었다. SNS에는 홀로 서는 게 두려워 이혼하지 못했는데 나를 보며 용기를 얻었다는 피드백도 많았다. 가스라이팅을 당하면 '내가 이혼 후에 괜찮은 남자를 만날 수 있을까?' 스스로 의심하면서 용기 내지 못하는 경우가 많다. 상대로부터 "네가 어딜 가서 나 같은 사람을 만나겠어? 나니까 같이 살아 주는 거지"라는 말을 듣기도 한다. 이건 정말 아주 전형적인 통제 방식이니 속지 말라. 지금은 자신이 좀 못나 보일 수도 있다. 하지만 나를 깎아내리는 사람과 멀어지고 나면 우울함이 가시면서 뭐라도 할 의지가 생긴다. 허기도 덜 느끼고, 예쁜 운동복을 입고 운동하러 갈 마음도 생긴다. 정말 많이 건강해지고 예뻐진다.

또 출연 이후 주변 사람들이 나를 좀 더 잘 이해하게 되었다는 반응이 많았다. 어릴 때부터 외모가 좀 세 보이고(강아지 상보다는 고양이 상이니) 말도 직설적으로 하는 편이라 '싸가지가 없다'는 오해를 받기도 했다. 그런데 방송에 나온 나의 모습을 보니 그 이면의 진정성을 알게 되었다는 것이다. 마지막으로 〈돌싱글즈4〉 출연 이후 K - 뷰티 마케팅에 본격적으로 뛰어들 수 있었으니 나로서는 정말 좋은 기회였다.

이혼 후의 삶을 공개하면서 아직 어린 친구들에게 정말 해 주고 싶었던 말이 있다. 확신이 없는 상대와 적당히 결혼하지 말라는 것. 확신이 있는 사람과 함께해도 쉽지 않은 게 결혼 생활이다. 결혼에 적당한 시기라는 게 있는 것도 아니다. 부디 결혼 시기를 임의로 정해 놓고 그 시기에 만나고 있는 사람과 어영부영 결혼하지는 말았으면 좋겠다.

  삶은 정말 뜻대로 되지 않는다. 언제 결혼하고 언제 아이를 낳고 언제 승진할지 상세히 계획하고 맞춰 가려다 보면, 최선의 선택을 놓치거나 잘못된 결정을 내릴 위험이 크다. 때로는 삶이 흘러가는 대로 자연스럽게 두는 자세도 필요하다. 그 안에서 방향을 잃지 말고 나아가길 바라는 마음이다. 내가 컨트롤할 수 없는 것들에 나를 맡기지 않기를 바란다.

| Red flag vs Green flag
| 소라언니가 알려 주는 관계의 신호등

우리는 결코 주변에서 일어나는 일을 통제할 수 없다. 더불어 우리의 감정적 반응 또한 통제할 수 없다. 그것은 자동으로 발생하는 것이기 때문이다. 마치 스트레스 반응이 자동으로 작동하는 것처럼 말이다.

그러나 우리는 언제나 선택할 수 있다. 다른 사람들에 대해, 세상에 대해, 그리고 내 안에서 치솟는 감정들에 대해 내가 무엇을 생각하고, 무엇을 말하며, 어떤 행동을 취할 것인지를 선택할 수 있다. 그것이야말로 우리 모두가 가진 진정한 힘의 원천이다.

— 멜 로빈스 Mel Robbins, 《신경 끄기 이론 Let Them Theory》

인간관계만큼 어려운 게 없죠. 인간관계가 어려운 건, 내가 상대를 통제할 수 없기 때문인 것 같아요. 타인을 내 의지대로 움직이거나 내가 원하는 방향으로 감정을 이끌어 내는 건 불가능하니까요.

하지만 상대를 제대로 읽어 낼 수는 있습니다. 한마디로 '사람 보는 눈'은 기를 수 있다는 뜻이죠. 그만큼 많은 '나쁜 예'를 경험해야 반면교사 삼을 수 있다는 점은 조금 슬프지만, 그런 실패와 아픔이 있기에 좋은 인연을 만나면 더 소중하고 감사하게 여길 수 있는 것 같아요.

30대 중반을 넘어가자, 그동안 만난 다양한 관계들이 눈에 보이기 시작했습니다. 특히 이혼을 경험하고 좀 더 많은 사람을 만나면서 관계를 판단해 볼 수 있는 좋은 신호와 나쁜 신호도 어느 정도 파악할 수 있게 됐고요. 결국 좋은 파트너란 겉모습이 출중하거나 일시적인 설렘을 주는 사람이 아니라 나의 가치를 알아보고 존중하는 사람이었습니다. 재정적으로 책임감 있고, 당신의 자유와 꿈을 응원하며, 서로 더 사랑할 수 있는 방법을 배워 나가고자 하는 마음을 가진 사람을 찾는 일은 정말 중요해요. 당신의 가치를 알아보는 사람을 찾으세요.

이것은 연애 관계뿐만 아니라 살면서 맺게 되는 모든 관계에 적용되는 원칙입니다. 신뢰할 수 있고, 진실한 자세를 갖고, 상대를 존중하며, 응원과 지지를 아낌없이 보내는 사람이라면, 그 사람은 당신의 삶 어디에 들어와도 괜찮은 사람입니다.

부자 '오빠'를 조심하라!

"와, 저 오빠 진짜 잘 사나 봐!"

잠깐, 사랑에 빠지기 전에 그 마음 스톱! 그 사람이 돈이 많다고 생각하는 이유가 뭔가요? 비싼 차? 명품 시계? 그런데 혹시 그 사람의 직업과 회사를 조사해 봤나요? 실제 수입을 확인해 봤나요? 사랑에 빠지려던 순간에 너무 찬물을 끼얹는 것 같나요?

비슷한 직종이나 같은 회사에 다니는 지인이 있다면 한번 대략적인 연봉을 알아보세요. 너무 속물 같다는 생각은 일단 접어 두고요. 만약 그 사람이 버는 수준보다 훨씬 더 비싼 것들을 갖고 있다면, 그건 멋진 게 아니라 재정 관리에 문제가 있다는 뜻입니다. 어딘가에서 돈이 줄줄 새고 있다는 이야기죠.

그런 사람과 안정적인 미래를 꾸릴 수 있을까요? 허세만 부리다가 결국 빚더미에 앉을 가능성이 훨씬 높습니다. 화려한 겉모습에 현혹되지 말고 그 사람의 실체를 보세요. 진짜 멋진 사람은 자신이 벌어들이는 수입 내에서 합리적으로 소비하는 사람입니다.

못난 사람이 허세를 부립니다

"우리 자기 인간관계 진짜 좋아. 친구도 많고 모임도 많아."
친구를 좋아하고 술도 좋아하고 모임도 많고, 네네, 그런데 혹시 술값을 주로 자기가 내나요? 결혼 후에도 그런 습관이 지속된다고 생각해 보세요. 가끔 친구들에게 베푸는 것은 좋지만, 항상 자기가 술값을 내고 오빠, 형, 언니, 누나 소리 듣는 걸 좋아하는 사람이라면?

실제보다 과장된 재력을 과시함으로써 자신의 부족함을 커버하려는 허세형 인간일 가능성이 높습니다. 재정적으로 무책임하거나 허세가 많은 사람은 두고두고 문제를 일으킬 거예요. 과장과 허풍에 속지 마세요.

보호와 통제를 헷갈리지 마세요

"내가 친구랑 놀러 간다고 하면 그렇게 걱정을 하더라."
친구들을 만나거나 여행을 갔을 때, 끊임없이 연락하는 사람이 정말 나를 끔찍이도 사랑하는 사람일까요? 삐빅- 아니요!

적절한 수준의 연락은 그럴 수 있겠지만 한 시간 간격으로 전화해서 어디냐고 물을 정도라면? 정상이 아닙니다. 그건 단순히 안부가 궁금하거나 멀리 있는 당신을 걱정하는 게 아니에요. 상대를 자신의 통제 아래 놓고 싶어 하는 것입니다. 보호와 통제를 헷갈리지 마세요. 그는 당신에게 신뢰가 없는 겁니다. 상식적인 성인이라면 한 시간 간격으로 당신의 위치를 궁금해하지 않아요.

그 사람을 믿을 수 없나요?

"애인이 클럽에 간다는데 왜 그렇게 싫지?"

혹시 파트너가 클럽에 가는 게 불안한가요? 왜요? 바람피울까 봐? 솔직히 말해 볼게요. 바람을 피울 만한 사람은 클럽이 아니라 회사에서도, 도서관에서도 다 피웁니다. 오히려 빨리 그 사람의 진짜 모습을 아는 게 낫지 않을까요? 아이 둘, 셋 낳고 바람피우는 걸 발견하는 것보다 지금 알고 빨리 끝내는 게 더 현명해요. 믿음이 가지 않는 사람을 노력해서 믿으려고 애쓰지 말아요.

러브 바밍 Love Bombing 도 폭탄이에요

"진짜 로맨틱한 사람이야. 내게 항상 좋은 것만 줘!"

만난 지 3개월밖에 안 됐는데 비싼 선물을 사 주고 고급 레스토랑에 데려가며 돈을 펑펑 쓰는 사람. 재력도 넘치고 스윗한 사람일까요?

러브 바밍은 말 그대로 감정 폭격, 과잉 애정 공세라는 뜻이에요. 물질적으로 과도하게 접근하는 행위죠. 사랑처럼 보이지만 상대를 통제하기 위해 그럴 듯한 선물이나 애정 공세로 조종하는 것을 말해요. 그런데 당신에 대해 제대로 알지도 못하는데 왜 그렇게 돈을 펑펑 쓰는 걸까요? 솔직히 말하면 그건 그냥 당신과 자고 싶어서 그런 거예요. 진짜 좋은 관계는 비싼 선물이 아니라 시간을 들여 서로 알아가는 과정에서 만들어져요. 물질보다 진정한 교감을 중시하는 사람을 찾으세요!

엄마랑 친하면 마마보이라고요?

"남자 친구가 엄마한테 너무 스윗해!"

아주 좋은 신호네요! 남자 친구가 엄마한테 스윗하다면 당신에게도 그렇게 대할 거예요. 엄마와 관계가 좋은 것과 마마

보이는 달라요. 엄마 없이 아무것도 못하는 남자는 마마보이지만, 엄마를 존중하고 다정하게 대하는 남자라면 오히려 좋은 신호예요. (하지만 엄마가 집에 와서 청소, 빨래 해 주는 남자라면… 도망쳐요!)

남자들은 보통 아버지가 어머니를 대하는 모습을 보고 배우며 자랍니다. 엄마에게 다정한 남자라면 그의 아버지도 어머니를 다정하게 대했을 가능성이 커요. 그러니 자신의 아내도 그렇게 존중할 거예요. 나중에 아들이 생겼을 때도 엄마를 존중하도록 가르칠 좋은 아빠가 될 수 있지요!

반대로 항상 엄마를 무시하고 함부로 대하는 남자라면 조심해야 해요. 언젠가 그 태도가 당신을 향할 수도 있습니다. 결혼 전에 남자 친구의 아버지가 어머니를 어떻게 대하는지 잘 살펴보세요. 그 가족이 여성을 대하는 모습에서 미래를 가늠해 볼 수 있어요.

당신의 커리어를 응원하고 존중하는 사람을 만나요

"제가 일하는 모습이 멋있대요."

당신이 커리어를 중시한다면, 이건 정말 중요한 그린 플래그예요! 요즘은 먹고살기가 힘들어서 많은 커플들이 맞벌이를 원하는 경향이 있긴 하지만, 아직도 결혼하면 "집에서 애나 봐"라고 하는 사람이 있어요. 하지만 진정한 파트너는 당신의 성장과 꿈을 응원할 거예요.

전업주부가 되길 원하지도 않으면서, 당신의 일을 무시하는 사람이라면… 도망쳐요! 당신이 어떤 일을 하든 그 일에서 성취감을 얻고 돈을 벌면서 앞가림을 하고 있는데 그걸 무시한다? 더 생각하고 말 것도 없습니다. 당신의 커리어를 존중하지 않는 사람은 당신을 인정하지 않는 거나 마찬가지예요.

피드백을 잘해 주는 사람을 만나요

당신이 "나는 네가 이런 걸 해 줄 때 사랑받는다고 느껴"라고 말했을 때, 상대방이 어떻게 반응하나요?

"그렇구나, 알겠어. 앞으로는 자주 그렇게 해 줄게."라고 한다면 좋은 신호예요!

"왜 자꾸 내 마음을 의심해?"라고 한다면 흐음… 좀 생각해 봐야겠네요.

당신의 감정과 필요를 진지하게 듣고 노력하는 사람은 좋은 파트너가 될 거예요. 편안하게 소통하고 서로 발전해 나가는 관계는 시간이 지날수록 더 깊고 단단해진답니다.

당신이 싱글맘이라면?

당신이 어떠한 사정으로 싱글맘이 되었다면 특별히 주의해야 할 신호가 있어요.

"애가 딸려서 아쉽긴 한데, 그래도 한번 만나 볼까?" 대놓고 이렇게 이야기하지는 않겠지만 이런 태도로 당신을 대하는 사람이 있다면 삐빅- 꽝이에요.

"좋은 엄마로 살아가는 모습도 너를 사랑하는 이유 중 하나야." 이렇게 말하는 사람을 찾아야겠죠. 아이를 '짐'으로 생각하는 게 아니라 당신의 소중한 일부로 받아들이고 존중하는 사람과 만나세요. 그런 사람은 당신의 두 번째 파트너가 될 자격이 있어요.

--- ✦✦ **에필로그** ✦✦ ---

소라에게

　때때로 우리는 늘 다른 사람들보다 뒤처져 있다는 느낌을 받는다. 하지만 기억하자. 모든 사람은 저마다의 여정을 걷고 있다. 모든 것을 다 가진 것처럼 보이는 사람들도 우리가 볼 수 없는 방식으로 힘들어하고 있을 수 있다. 그러니 타인에게, 그리고 무엇보다 자신에게 친절하자.

　지금의 소라를 알지 못했던 과거의 나에게, 나 자신에게 조금은 친절하지 못했던 시절의 나에게 뒤늦은 다독임을 전해 보았다. 언젠가 미래의 나로부터 놀라운 소식을 전해 듣는 날도 오겠지. 하루만 지나도 과거가 되어 버리는 게 오늘이다. 한 치 앞도 모를 삶의 여정에도 반짝이는 순간은 늘 함께한다는 것을 믿으며, 이 책을 읽는 여러분에게도 온 힘을 다해 응원과 용기를 보낸다.

어젯밤, 나의 젊은 시절 소라와 술 한잔을 했다.
I met my younger self for drinks last night.

소라는 샤르도네를 주문했고, 나는 샴페인을 주문했다.
She ordered Chardonnay. I ordered champagne.

소라는 제 시간에 왔고, 나는 10분 늦었다.
She was on time. I was 10 minutes late.

소라는 비자와 취업 걱정으로 스트레스를 받고 있었다. 나는 '네가 넷플릭스, 메타, 틱톡에서 글로벌 마케팅을 했었다'고 말해 주며 앞으로 계속 도전하고 거절에 익숙해지라고 조언했다.
She was stressed about her visa and job hunt. I told her I led global marketing at Netflix, Meta, and TikTok and to keep trying and get comfortable hearing no's.

소라는 돈 없는 집안 출신이라는 점, 그로 인해 주점에서 일한 것, 학비를 위해 난자를 기증한 것에 대해 불안해했다. 나는 너의 그런

근성이 너를 회사에서 돋보이게 해 줄 거라고 말해 줬다.

She felt insecure about not coming from money, working at Korean bars, and "donating" eggs for tuition. I told her that grit would set her apart in corporate.

소라는 "버클리엔 잘생긴 남자가 없어"라며 투덜댔다. 나는 남자 얼굴을 좀 덜 보라고 말했지만, 그걸 내려놓을 리 없을 거라는 걸 알기에 우리는 함께 웃었다.

She whined, "There are no cute guys in Berkeley." I told her to stop focusing on looks—we both laughed, knowing she wouldn't.

어린 소라는 일찍 결혼하길 원했다. 나는 소라에게 혼전 계약서를 쓰라고 말했다. 왜냐하면 지금의 너는 지금 상상도 못할 만큼 많은 돈을 벌게 될 테니까.

She wanted to marry young. I told her to get a prenup, because she will earn so much more than she can imagine for herself right now.

소라는 내가 이혼했다는 사실에 충격을 받았다. 나는 웃으며 그 일로부터 배운 교훈에 감사한다고 말했다. 그 일은 리얼리티 쇼, 커뮤니티, 그리고 상상 이상으로 멋진 삶으로 이어졌다.
She was shocked by my divorce. I smiled and said I'm grateful for the lessons it taught me. It led to a reality show, a massive platform, and a life beyond anything I imagined.

소라는 엄마가 되기를 꿈꿨다. 나는 다섯 살 된 아들 사진을 보여 줬다.
She dreamed of being a mom. I showed her a picture of my 5-year-old son.

그리고 할머니 장례식에는 꼭 가라고 했다. 그 어떤 일도 그만큼 중요하지 않으며, 그 장례식에 가지 못한 것을 몇 년 동안 후회하게 될 거라고.
I also told her to not miss grandma's funeral, that no work is that important and you will cry about missing it for years to come.

소라를 곧 다시 만났으면 좋겠다.
I hope I see her again soon.

.
.
.
.

세상에, 그때 비트코인을 사라고 말했어야 했는데. 내가 지금 뭘 한 거지?

OMG I should've told her to buy BTC. What am I doing.

'존재감' 있게 일하고 '성공적'인 인생을 살아가는 법

너라는 브랜드를 마케팅하라

초판 1쇄 발행 2025년 7월 20일
초판 3쇄 발행 2025년 9월 1일

지은이 이소라
펴낸이 이주화

기획편집 임지연
콘텐츠 개발팀 임지연, 여수진
콘텐츠 마케팅팀 안주희
디자인 STUDIO 보글

펴낸곳 ㈜클랩북스 **출판등록** 2022년 5월 12일 제2022-000129호
주소 서울시 마포구 어울마당로3길 5, 201호
전화 02-332-5246 **팩스** 0504-255-5246
이메일 clab22@clabbooks.com
인스타그램 instagram.com/clabbooks
블로그 blog.naver.com/clabbooks
페이스북 facebook.com/clabbooks

ISBN 979-11-93941-39-3 (03190)

- 책값은 뒤표지에 있습니다.
- 파본은 구입하신 서점에서 교환해 드립니다.
- 이 책은 저작권법에 의하여 보호를 받는 저작물이므로 무단 전재와 복제를 금합니다.

㈜클랩북스는 독자 여러분의 책에 관한 아이디어와 원고 투고를 기다리고 있습니다.
책 출간을 원하시는 분은 이메일 clab22@clabbooks.com으로 간단한 개요와 취지, 연락처 등을 보내 주세요.
'지혜가 되는 이야기의 시작, 클랩북스'와 함께 꿈을 이루세요.